육바라밀

내영혼
맑은책

교리·입문

육바라밀

| 여섯 가지 실천덕목 |

성재헌

민족사

시리즈를 펴내며

메마른 대지에서 꽃을 피우는 것은 물과 자양분과 정성이다. 내 영혼은 독서와 글쓰기, 그리고 깊은 사색과 명상을 통해 작은 꽃을 피운다.

불교는 인류의 역사와 함께하면서 갈 길 몰라 방황하는 이들에게 삶의 이정표를 심어 주었고, 외롭고 고독하며 아프고 슬픈 이들에게 마음의 안정과 평화를 심어 왔다. 삭막한 영혼에 물과 바람과 햇빛을 쬐어 주고 정성을 기울여 꽃을 피우게 했던 것이다.

이제 서양 사람들이 본격적으로 불교에 눈뜨기 시작했다. 서양의 지성들은 불교에서 새로운 자양분을 흠뻑 마시고 있다. 머지않아 불교가 전 지구적 가르침으로 고동칠 것임이 분명하다. 불교는 불교도만의 것이 아니라 이 시대의 모든 사람들의 것이다. 불교는 오늘날의 역사와 문화, 인류와 함께할 것이다.

이 시리즈에서는 분야별·주제별로 불교의 다양한 가르침을 전하고,

육바라밀

알기 쉬우면서도 깊이 있게 불교가 전하고자 하는 메시지를 담아내고자 한다. 그리고 구체적이면서 실용적인 지침을 주고자 한다.

이 작은 책을 간편하게 지니고 다니면서 지하철에서, 혹은 길을 가다가, 혹은 누구를 기다리면서 읽고 사색하며 영혼을 살찌울 수 있다면 얼마나 인생이 아름답고 값질 것인가? 얼마나 삶의 질이 다채롭고 깊어질 것인가?

사상과 문화의 물꼬를 터온 민족사에서 '내 영혼의 작은 책' 시리즈를 펴내면서 21세기 불교 교리와 수행, 문화와 의식 전반을 이 시대를 살아가는 사람들에게 제시하여 영혼을 살찌우려 한다.

그래서 그런 영혼의 힘이 고독과 허무, 아픔과 좌절, 정신적 빈곤과 경직된 사고를 뛰어넘어 시대와 역사, 사람과 인류, 자연과 세계에 소통하여 아름다운 한 떨기 꽃을 피우련다.

5

머리말

　부처님의 가르침을 흔히 감로수甘露水에 비유합니다. 뙤약볕 아래 먼 길을 온 나그네에게 샘터 아낙이 건네는 한 그릇 물, 대지의 섣부른 열기를 식히며 조용히 움을 틔우고 잎을 내밀게 하는 봄비와 같을 것입니다.
　삶은 무척 고단한 여정입니다. 무언가 찾지 못해, 또 얻지 못해 안달이던 청춘의 열병이 가시고 보니 이제는 알겠습니다. 그리고 그 고단함이 나만의 일이 아님도 조금은 알겠습니다.
　그렇게 지치고 힘든 이들에게 휴식과 위로가 되어

주고 어느 방향으로 가야할지 길을 일러주신 부처님, 자비와 지혜를 구족하신 그분은 수많은 별들처럼 빛나는 성현聖賢들 가운데서도 유독 그 밝음이 더한 달님과 같은 분이셨습니다.

부처님의 가르침은 다양하고, 그 가르침을 실천하는 방법 또한 다양합니다. 그 가운데 무엇이 더 좋고 무엇이 좋지 못하다고 단정하는 사람이 있다면 그건 어설픈 치기일 것입니다.

훌륭한 의사가 환자의 병에 맞춰 적절한 처방을 내리듯, 부처님은 늘 각자의 상황에 따라 다양한 가르침을 피력하셨습니다. 의사의 능력을 신뢰하는 환자라면 자기에게 내려진 처방에 충실하면 될 뿐, 다른 사람에게 내려진 처방의 잘잘못을 논할 필요까지는 없습니다. 또한 질병의 종류와 경중을 살피지 않고 처방전의 우열을 논한다는 것 역시 우스운 이야기입니다.

보살승菩薩乘 역시 골수에 사무친 중생의 병통을 꿰뚫어보고 부처님께서 처방한 다양한 가르침 가운데 하나입니다. 보시 · 지계 · 인욕 · 정진 · 선정 · 지혜의 여섯 덕목으로 이루어진 보살의 길은 배우기도 쉽고, 실천도 용이한 행복의 길입니다. 실천을 위한 특별한 전제조건이 필요치 않은 이 길은 행복을 향한 여러 길 가운데서도 보다 보편적인 영역을 확보한 가르침이라 하겠습니다.

이 글은 그런 보살의 길을 소개하기 위해 쓴 것입니다. 하지만 보살승에 대한 학술적 담론은 아닙니다. 그보다는 그 길의 소중함을 다 같이 공감하고, 진실한 마음으로 실천에 옮겨보자는 의도에서 쓴 것입니다.

보살승의 이론적 토대가 되는 공空사상은 그 사고의 치밀함과 날카로움, 표현의 화려함과 방대함, 영웅적 행동으로 이어진 실천으로 많은 이들에게 매력을 주고 있습니다. 하지만 그런 화려한 이야기를 아무리 소리 높여 외친다 해도 현재 나의 삶과 연관해 공감되지 않고, 지금 당장의 실천이 담보되지 않는다면 공허한 메아리로 그치고 말 것입니다. 진수성찬을 앞에 두고 그 재료의 풍성함과 조리방법의 세심함을 논하는 것이 입속에 들어간 식은 밥 한 덩이만도 못할 때가 있는 법입니다.

봄이라지만 아직 바람이 찹니다. 학덕은 물론 인덕도 턱없이 부족하지만 자신할 수 있는 것이 한 가지는 있습니다. 거짓말이 아니라는 점입니다. 논두렁 시든 풀잎 아래 다닥다닥 붙어 싹을 틔운 냉이, 그것도 쪼그리고 들여다보아야 겨우 눈에 들어오는 볼품없는 하얀 꽃, 이 꽃이라도 피우려고 겨울 찬바람을 이기며 나름 애썼노라고 담담히 말할 수 있습니다. 오직 바람이 있다면 저처럼 고단한 겨울을 보냈을 누군가의 소박한 밥상에 올라 그에게 진한 봄 향기가 되고 싶은 마음 간절합니다.

머리말 ... 7

1장
• 보살과 바라밀

1. 머리에 부처님을 인 사람들 ... 17
2. 부처님과 슈퍼맨 ... 29
3. 부처님의 행복 ... 37
4. 발보리심 ... 46
5. 선지식 ... 58
6. 수행자와 수행 ... 70
7. 바라밀, Never ending story ... 75

2장
• 보시

1. 베풂, 지극히 당연한 것 ... 85
2. 무엇을 베풀 것인가? ... 89
3. 어떻게 베풀 것인가? ... 99
4. 얼마큼 베풀 것인가? ... 103

11

3장

지
계

1. 비난받을 행동은 하지 말자   ... 111

2. 칭찬받을 행동을 하자   ... 119

3. 척하지 말자   ... 124

4장

인
욕

1. 그래도 참자   ... 135

2. 진흙에 더럽혀지지 않는 연꽃처럼   ... 140

3. 익은 벼가 먼저 고개를 숙인다   ... 144

4. 인욕은 굴복이 아니다   ... 152

5. 아힘사, 포기할 수 없는 꿈   ... 159

5장

정
진

1. 보살의 사랑   ... 167

2. 한 알의 모래를 옮기듯   ... 172

3. 결과가 모든 것을 말하지는 않다   ... 177

례 육바라밀

6장 선정

1. 일단 정지 ... 185
2. 최고의 휴식 ... 193
3. 삼매의 바다를 헤엄치기 위한 준비운동 ... 203

7장 지혜

1. 제법실상 ... 213
2. 달을 가리키는 손가락 ... 221
3. 고물과 보물 ... 232

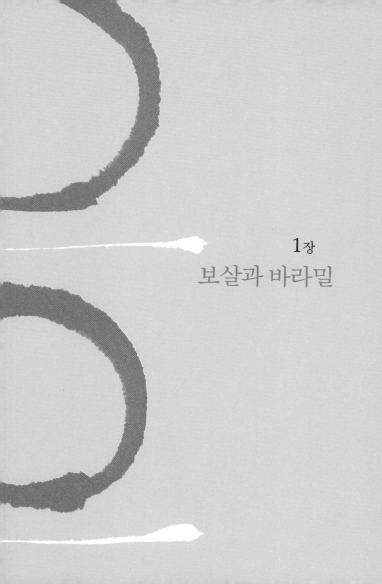

1장
보살과 바라밀

01

'할머니는 저 아줌마를 왜 저렇게 좋아하는 걸까? 젊고 예뻐서 그런가? 예쁜 옷 입고 보석을 많이 걸친 부자라서 그런가?'

머리에 부처님을 인 사람들

보살, 누구인가?

어린 시절, 좋은 일이건 나쁜 일이건 뜻밖의 일이 생기면 할머니는 습관처럼 "아이고, 관셈보살"을 되뇌곤 하셨습니다. 그 할머니의 치맛자락을 잡고 처음 절을 찾던 날, 두 팔을 크게 벌려 둥그렇게 원을 그리며 합장하는 손끝에서 나는 할머니가 그리도 애타게 찾던 '관셈보살'을 처음 보았습니다. 무슨 말인지 도통 알 수 없는 스님의 노래에 맞춰 할머니는 그 '관셈보살'에게 끝없이 절을 하고 또 하였습니다. 딱히 재밋

17

거릴 찾을 수 없어 심드렁하던 나는 스님의 목탁 소리에 맞춰 반들반들한 마룻바닥에 손가락 장단을 치며 생각했습니다.

'할머니는 저 아줌마를 왜 저렇게 좋아하는 걸까? 젊고 예뻐서 그런가? 예쁜 옷 입고 보석을 많이 걸친 부자라서 그런가?'

금빛 찬란한 모습에 치렁치렁한 머릿결, 화려한 비단옷에 겹겹의 목걸이와 팔찌, 가볍게 손목을 아래로 꺾은 기다란 손가락에서는 여인의 포실한 살결이 그대로 느껴졌습니다. 그렇게 요리조리 그림을 뜯어보다가 특이한 것을 발견했습니다. 이마 한가운데에 이상한 사람이 턱하니 앉아 있는 것이었습니다.

'저게 뭘까?'

떠들썩한 할머니들 틈바구니에서 비빔밥을 먹고 집으로 돌아오던 길에 할머니에게 물었습니다.

"할머니, 왜 관셈보살에게 절을 해?"

"그분은 모든 소원을 다 들어주시거든."

"할머니, 그 관셈보살 이마에 앉은 사람은 누구야?"

"엉? 관셈보살 이마에 사람이 앉았어?"

"어, 앉아 있던데."

"할미는 못 봤는데……."

할머니 덕분에 목탁 소리가 좋아 불교공부를 시작하고 한참이 지나서야 그분이 관셈보살이 아니라 관세음보살觀世音菩薩이고, 보살이 여자를 일컫는 말이 아니며, 이마에 앉은 분이 바로 부처님이라는 걸 알았습니다.

보살菩薩이란 '보디삿뜨바bodhisattva'의 음사인 '보리살타菩提薩埵'를 줄인 말입니다. 보디bodhi는 '깨달음'이며 삿뜨바sattva는 유정有情 즉 '생명체'라는 뜻이니, 보살은 곧 '깨달음을 얻은 생명체' 혹은 '깨달음을 추구하는 생명체'라는 의미입니다. 또한 부처님처럼 자신의 깨달음과 더불어 모든 중생들에게 자비심을 품고 이익을 주고자 용감하게 실천하는 자라는 뜻에서 '마

19

하삿뜨바^{mahāsattva'} 즉 대사大士라고도 합니다.

보살의 탄생

보살이란 용어는 기원 전후 인도에서 대승불교운동이 흥기했을 때, 불탑佛塔을 중심으로 모여든 수많은 군중들에게 부처님의 일생을 이야기해 주던 법사法師들이 사용하기 시작한 말입니다. 그들은 부처님이 완전한 깨달음, 즉 아뇩다라삼먁삼보리를 이루기 이전과 이후를 구분해 정각을 이루기 이전의 삶을 보살로 지칭했습니다.

또한 깨달음을 이루기 이전의 삶을 어머니 마야부인의 태에서 태어난 순간부터로 한정하지 않고, 과거 헤아릴 수 없는 세월을 윤회하며 중생을 구제하는 삶을 살았다고 역설하였습니다. 그들의 이야기가 지금도 본생담本生譚, Jātaka을 비롯한 여러 불전문학에 전래되고 있습니다.

광활한 우주가 생성되고 파괴되기를 수없이 거듭하

기 이전, 곳간마다 곡식과 보석이 가득한 집에 살았던 한 청년이 있었습니다. 그 청년의 이름은 '수메다 Sumedha, 無垢光'입니다. 청년은 온갖 재난과 고통 속에서 신음하는 인간의 삶을 목격하고 고뇌하였습니다.

'세상에는 즐거운 일들이 많다. 하지만 그 즐거움은 쉽게 부서지고 오래 지키기 어려운 것들이다. 더구나 늙음과 질병과 죽음은 무엇으로도 피할 수 없다. 언제 닥칠지 모를 두렵고 무서운 이 재앙을 벗어날 방법은 없을까?'

고통을 벗어날 방법을 찾기 위해 수많은 스승을 찾아다니던 청년은 어느 도시를 지나다 놀라운 풍경을 목격합니다. 모든 백성이 거리로 나와 물을 뿌려 길을 쓸고 거리마다 비단과 꽃으로 화려하게 장식하는 것이었습니다. 까닭을 묻는 청년에게 사람들은 기쁨이 가득한 얼굴로 말했습니다.

"연등燃燈부처님께서 오늘 우리 성으로 오신답니다."

"부처님이라니요. 부처님이 어떤 분입니까?"

"모르시는군요. 부처님은 완전한 지혜와 덕을 성취하신 분입니다. 위없이 높은 분, 승리자, 세상의 길잡이, 모든 번민과 고통을 넘어선 그분의 말씀은 한마디 한마디가 그대로 법法이랍니다. 그분의 발길이 닿는 곳엔 재난과 질병이 흔적도 없이 사라진답니다. 그분의 두 발에 예배하고 공양하는 자는 무슨 소원이든 다 이룬답니다."

수많은 군중들 틈에 끼여 청년은 연등부처님을 처음 뵈었습니다. 그분은 맑은 미소와 온화한 눈빛만으로도 모든 이에게 기쁨을 주는 분이었습니다. 청년은 일곱 송이 푸른 연꽃을 바치며 소원을 빌었습니다.

'저도 당신처럼 부처님이 되게 하소서. 혼자만의 평안은 바라지 않습니다. 눈길과 발길이 닿는 곳마다 고통과 공포가 사라져 모든 이들이 행복을 누리게 하소서. 하늘 위 하늘 아래 모든 세계에서 중생을 건질 수 있는 지혜와 공덕을 갖추게 하소서.'

청년이 던진 연꽃은 하늘에 머물며 땅에 떨어지지 않았습니다. 걸음을 멈춘 부처님은 환한 미소를 보이며 수기授記를 내리셨습니다.

"100겁의 세월이 흐른 뒤, 그대는 사바세계에서 여래·지진·등정각이 되어 석가모니釋迦牟尼라 불릴 것이다."

당신처럼 온화한 미소를 품은 자가 되리라는 예언에 무구광은 넘치는 희열을 주체할 수 없었습니다. 멀어지는 연등부처님의 뒷모습을 바라보며 청년은 노래하였습니다.

부처님은 두 말씀 하지 않으시네
승리자는 빈 말을 하지 않으시네
부처님에게 거짓이란 없으니
나는 반드시 부처님이 되리라.
허공으로 던져진 흙덩이는 땅으로 떨어지듯
나는 반드시 부처님이 되리라.
짙은 어둠이 끝나면 태양이 솟아오르듯

나는 반드시 부처님이 되리라.
깊은 잠에서 깨어난 사자가 포효하듯
나는 반드시 부처님이 되리라.
짊어진 무거운 짐을 풀어버리듯
나는 반드시 부처님이 되리라.

완벽한 지혜와 끝없는 능력을 갖춘 부처님을 향한 보살의 삶은 이렇게 시작되었습니다. 드넓은 우주가 미세한 먼지가 되어 흔적도 없이 사라지고 다시 광대한 세계가 형성되기를 수없이 거듭하는 동안 보살은 다양한 삶 속에서 평화와 행복을 추구하였습니다.

때로는 아홉 빛깔 털을 가진 아름다운 사슴이 되어 물에 빠진 사람을 건져주기도 하고, 때로는 원숭이들의 왕이 되어 고난에 빠진 원숭이 무리들이 자신을 밟고 강을 건너게 하기도 하고, 품안에 날아든 한 마리 비둘기를 살리기 위해 자신의 살을 모조리 발라내기도 하였습니다.

때로는 진실한 말 한 마디를 듣기 위해 피에 굶주린

나찰에게 몸을 던지기도 하고, 일곱 가지 보배를 갖춘 전륜성왕이 되어 전쟁 없는 평화로운 세상을 건설하기도 하며, 범천과 제석천을 비롯한 신들의 세계를 오가며 더할 수 없는 기쁨과 즐거움을 누리기도 하고, 새끼가 올망졸망한 굶주린 호랑이가 불쌍해 그 앞에 몸을 던지기도 하였습니다. 오랜 세월 이렇게 자비를 실천하고 지혜를 추구했던 까닭에 결국 가야의 보리수 아래에서 고뇌를 완전히 소멸하고 완벽한 깨달음을 성취할 수 있었던 것입니다.

불탑을 중심으로 모여든 수많은 군중들에게 대승大乘을 부르짖던 새로운 사상가들은 이런 부처님의 전생을 이야기하기 시작했습니다. 그들은 완전한 깨달음을 이루신 후의 삶 못지않게 깨달음을 이루기 전의 삶 또한 소중함을 확신하였습니다. 부처님이 전생에 그러셨던 것처럼 오랜 세월 동안 보시·지계·인욕·정진·선정·지혜의 여섯 가지 덕목을 실천하며 공덕을 쌓아온 자들, 즉 다양한 권능을 소유한 보살들이 수없이 많다고 그들은 주장하였습니다.

그렇게 영웅적 삶을 살아왔고 지금도 어딘가에서 실천하고 있는 보살들의 이름이 경전에 수도 없이 등장하고 있습니다. 그들이 바로 관세음보살·문수보살·보현보살·지장보살·미륵보살 등등입니다. 또한 우리도 그들처럼 소중한 물건을 머리에 이듯 부처님을 생각하고, 그들처럼 말하고 행동하면 언젠가는 반드시 부처님이 될 보살이라고 소리 높여 부르짖었습니다. 이것을 보살승 즉 보살의 길이라고 합니다.

할머니의 관셈보살

"늘 그리워하며 존경할 사람이 있는 자는 행복하다"라는 구절을 읽은 적이 있습니다. 늘 그리워할 '관셈보살'이 있었던 할머니는 행복한 사람이었단 생각이 듭니다. 초하루면 할머니는 새벽부터 일어나 차가운 물에 목욕을 하고, 깨끗한 치마저고리로 갈아입곤 하셨습니다. 아예 아침상엔 비린 것을 올리지 못하게 하고 몇 번이나 손을 씻은 뒤에야 하얀 자루에 쌀을 담으셨습니다.

그렇게 조심조심 바가지로 푸면서 "관셈보살" 하시고, 머리에 이면서 "관셈보살", 대문을 나서면서 "관셈보살", 걸음을 옮기면서도 "관셈보살"을 늘상 중얼거리셨습니다. 해질녘 대문을 들어서면서도 "관셈보살" 하셨으니, 절까지 가는 동안에도 쌀을 내려놓으면서도 "관셈보살" 하셨을 게 분명합니다. 늘 머리에 부처님을 이고 있는 관세음보살觀世音菩薩을 할머니는 늘 머리에 이고 사셨습니다. 끝없는 "관셈보살" 소리에 묻힌 할머니의 얼굴을 가만히 떠올려보면 무척이나 평온하고 온화했습니다.

'관세음보살'인지 '관셈보살'인지 구분하지 못했어도, 보살이란 말이 완전한 깨달음을 향해 나아가는 자들을 일컫는 용어라는 것을 몰랐어도, 소원이라 해봐야 "우리 손자 잘되게 해 주십시오"라는 말밖에 할 줄 몰랐어도, 할머니는 부처님의 가르침을 제대로 실천한 사람이었단 생각이 듭니다. 불교공부를 한답시고 또 조금은 했답시고 부산을 떨었지만 할머니의 불교공부에 한참이나 미치지 못한다는 것을 세월이 이만큼 지나서야 알았습니다.

할머니는 처지가 안타까운 사람을 보면 내 일처럼 눈물을 흘리며 "관셈보살" 하셨고, 궂은 일 앞에서도 한숨처럼 내뱉는 "관셈보살" 한마디로 슬픔을 녹일 줄 아셨습니다. 살벌하게 노기를 드러내는 사람 앞에서도 "당신만은 내 속을 알리라"는 투로 조용히 "관셈보살"을 부르고, 틈만 나면 곱게 머릿결을 다듬고 단정히 앉아 꿈에도 잊지 못할 연인처럼 "관셈보살"을 부르곤 하셨습니다.

후두암 말기라는 소식을 듣고 퉁퉁 부은 눈으로 몰려든 친지들 앞에서 "다들 모인 김에 고스톱이나 한판 치자"며 환하게 웃을 수 있었던 것도 아마 할머니의 영원한 연인 "관셈보살" 덕분일 것입니다.

육바라밀

그렇게 부처님의 첫인상을 삶과 죽음을 초월한 절대적 존
재로, 무엇이든 당신 마음대로 결정하고 바꿀 수 있는 존재
로 그렸습니다.

부처님과 슈퍼맨

법장비구의 부처님

대승경전에는 수많은 불국토와 수많은 부처님들이
등장합니다. 과거에도 연등부처님을 비롯한 수많은
부처님들이 계셨고, 미래에도 미륵부처님을 비롯한
수많은 부처님이 출현할 것이라고 설하고 있습니다.
또한 동방 묘희세계에는 아촉부처님, 서방 극락세계
에는 아미타부처님, 남방 환희세계에는 보상부처님,
북방 연화장세계에는 미묘부처님 등 수많은 세계에서
갠지스 강 모래알보다 많은 부처님이 지금 현재 설법

하며 중생을 교화하고 계신다고 설하고 있습니다.

보살은 그런 부처님을 늘 그리며 그분들을 닮아가려는 자들입니다. 따라서 부처님을 어떤 모습으로 그리는가가 매우 중요합니다. 예를 들면 《무량수경》에서 법장비구는 세자재왕여래의 덕을 다음과 같이 칭송하고 있습니다.

햇빛과 달빛 여의주 빛
맑은 진주 빛 눈부시다지만
당신의 얼굴과 함께라면
검은 먹빛이 되고 맙니다.

깨달음을 전하는 그 말씀
시방을 울리는 사자의 포효인 듯
삼매의 큰 힘과 밝은 지혜
누구도 가지지 못할 훌륭한 몸가짐

보시를 닦아 뜻을 고르고
계행 지키며 분한 일 참고
멀고 아득한 길 가고 또 가고

그 삼매와 지혜 으뜸이 되리다.

나도 맹세코 부처님 되어
이러한 서원 모두 행하고
두려움 많은 중생 위하여
의지할 자리가 되리다.

끝없이 이어지는 게송에서 법장비구는 부처님을 밝고 빛나는 얼굴을 가진 분, 도덕과 지혜를 갖춘 분, 평온하고 진중하며 온화한 분, 모든 이들을 번뇌의 구렁에서 건지시는 자비로운 분으로 그리고 있습니다.

나의 부처님

사람을 만날 때도 마찬가지지만 모든 종류의 경험에서 첫인상은 매우 큰 영향을 미칩니다. 첫인상이 왜곡되었을 경우 그것을 수정하는 데는 상상 이상의 노력과 시간을 필요로 하게 됩니다. 몇 년 전 스스로에게 이런 질문을 던진 적이 있습니다.

"부처님이란 단어를 들으면 처음 떠오르는 모습이 뭐지?"

청소년기에 불교를 접하며 가장 먼저 삼배를 드렸던 직지사 대웅전 부처님 모습이 떠올랐습니다. 그분은 어마어마한 크기에 찬란한 금빛을 번쩍이며 높은 자리에 앉아계셨습니다. 까닭 모를 위압감에 사로잡혔던 나는 무조건 허리와 고개를 숙이고, 얼굴마저 마룻바닥에 바짝 붙여야 한다고 스스로 다그쳤습니다.

어깨 너머로 들은 부처님이야기는 더욱 놀라웠습니다. 태어나면서부터 걷고 말한 분, 32상 80종호의 기이한 형상을 타고난 분, 땅속으로 꺼지고 하늘로 솟아오르기를 마음대로 하며 갖가지 신통변화를 부리는 그분은 나랑은 본질적으로 다른 존재처럼 느껴졌습니다.

그렇게 부처님의 첫인상을 삶과 죽음을 초월한 절대적 존재로, 무엇이든 당신 마음대로 결정하고 바꿀 수 있는 존재로 그렸습니다. 그 후 불교학생회에 다니며 들은 이야기들로 밑그림에 살을 붙이기 시작했습니다. 가는 곳마다 말씀 한마디면 왕이건 귀족이건 살인자건 기생이건 모두 머리 조아리게 만드는 분, 발길만 닿으면 서로 앞다퉈 음식과 옷을 바치고 아름다운 건물을 기증하게 만드는 분, 매우 심오하고 심오한 말씀만 골라하시는 그분은 나에게 슈퍼맨과 다름없었습니다.

빗발치는 총알도 피하고, 한쪽 팔만 들면 하늘을 날고, 탈선하는 기차를 손으로 잡아 수많은 사람들을 죽음의 공포에서 건지고, 광속보다 빨리 지구를 돌아 돌이킬 수 없는 재앙마저 돌이키는 등, 누구도 감히 넘볼 수 없는 능력으로 인류를 구원하는 위대한 영웅 슈퍼맨. 그렇게 하늘 꼭대기보다 더 높은 곳에 앉아 계신 기이한 분으로 부처님을 그렸습니다.

불교공부를 하면서 깊이 뉘우치고 있는 것 가운데 하나가 바로 '부처님에 대한 나의 첫인상'입니다. 경전을 조금 더 주의 깊게 읽고, 여러 훌륭한 스승과 벗

33

들을 만나면서 나의 머릿속에 그려진 부처님 그림이 얼마나 잘못된 것인지 알게 되었습니다. 석가모니 부처님은 결코 슈퍼맨이 아니었습니다. 도리어 그 정반대의 모습들을 더 많은 곳에서 확인할 수 있었습니다.

부처님은 시체들을 쌌던 천을 빨아 옷을 만들어 입고, 한 그릇 밥을 얻기 위해 남의 문전에 서고, 사람들의 욕설과 손가락질을 받고, 발 아래에서 법문을 듣던 제자가 비난하고 떠나고, 동족이 몰살당하고, 병들어 고통받고, 살해의 위협을 끊임없이 받았던 분이었습니다. 하지만 그런 기사들이 부처님의 위대함을 손상시키기는커녕 도리어 찬란히 부각시켜 주고 있었습니다. 부처님은 너덜거리는 누더기로도 당당하고, 걸식한 한 그릇 음식으로 누구보다 행복해하고, 욕설과 손가락질 앞에서 티끌만큼의 분노도 일으키지 않고, 질병과 늙음과 죽음 앞에서 당황하거나 두려워하는 일이 없었습니다.

세월이 흐른 지금, 누군가 나에게 법장비구처럼 석

가모니 부처님의 공덕을 찬탄해 보라 한다면 이렇게 말하겠습니다.

> 고난 속에서도 편안한 미소 보이고
> 모욕과 폭력에도 온화하게 말하고 행동하며
> 교만 가득한 사람들 지혜롭게 일깨우고
> 참다운 행복 전하기 위해 걸음을 멈추지 않으신 분.
>
> 탐욕과 증오와 무지의 불길을 끄고
> 군중들 틈에서 허공처럼 앉아 계신 분
> 원컨대 저도 저런 부처님 되게 하소서
> 당신처럼 자유롭고 평화롭고 관대하게 하소서.

또 누군가에게 부처님의 모습을 그려 보인다면 여름철 시원한 느티나무 그늘에 앉은 온화한 할아버지의 모습으로 그리고 싶습니다. 세월만큼 깊은 주름과 눈동자로 넉넉한 웃음을 지어보이는 할아버지, 가까이 다가가고 싶고 다가가면 온기가 식지 않은 손길을 쑥 내밀어 줄 할아버지, 힘들고 억울하고 외롭다고 투덜거리면 그 손으로 등을 토닥여 줄 할아버지, 서정주 시인의 시구처럼 "괜찮다, 괜찮다, 다 괜찮다"며 함박 눈보다 부드럽게 상처들을 감싸줄 할아버지의 모습으로 그리고 싶습니다. 나의 그림을 보는 누군가가 그런 첫인상을 가지고 '나도 저분처럼 잘 늙어가야지'라는 생각을 한다면 더없이 좋겠단 생각입니다.

　누군가는 이런 생각을 경박하다며 꾸짖을지도 모르 겠습니다.

03

부처님의 행복

부처님은 행복한 사람

어릴 적 밥상 앞에서 자주 있었던 일입니다. 간만에 보는 달걀찜을 사이에 두고 형과 한바탕 전쟁을 치르고 나면 나머지 반찬은 시들해 보이곤 했습니다. 그래서 젓가락을 깨작거리며 반찬투정을 할 때마다 어머니는 호통을 치셨습니다.

"호강이 넘쳐 요강에 자빠질 놈들. 우리 클 땐 이것도 못 먹어 배를 곯았다 요놈들아."

그러게 말입니다. 초등학교 졸업식 때 처음 맛본 군

37

만두를 맘껏 먹지 못하는 게 나를 불행하게 하는 것이라 생각했습니다. "그만하면 실컷 먹었다"며 자리를 박차고 일어서는 어머니의 등을 보며 혼자 중얼거리곤 했습니다.

"매일 자장면에 군만두를 먹을 수 있는 사람은 얼마나 행복할까?"

매달 마이너스가 사라지지 않는 통장 잔고지만 지금은 그렇게 소원하던 자장면에 군만두를 실컷 사먹을 돈은 있습니다. 하지만 그때 생각한 만큼 난 행복하지 못합니다.

"그것만 있으면, 그렇게만 된다면 얼마나 좋을까."

초등학교 시절엔 자장면 한 그릇과 군만두 한 접시였던 '그것'은 세월이 흐르면서 월급봉투의 두께로, 살고 있는 아파트 평수로, 타고 다니는 자동차 배기량으로 바뀌었습니다. 목표를 세우고 노력해도 '그것'은 쉽게 얻어지지 않았고, 또 신기하게도 일단 내 손아귀에 들어오고 나면 '그것'은 더 이상 나를 행복하게 하

육바라밀

지 못했습니다.

항아리도 뒤주도 무언가 담으면 채워지는데 그 주머니만은 채워지지 않습니다. 밑창이 뚫어진 항아리처럼 피로와 허전함만 쌓일 뿐입니다. 몇 번이나 그걸 경험하고도 강박관념에 휩싸여 자신과 주변 사람들을 다그치고, 자기만의 생각에 휩싸여 있지도 않은 사실을 믿거나 오지도 않은 미래를 두려워하며, 온갖 근심과 걱정으로 스스로를 가만히 내버려두지 못합니다. 그렇게 행복해지고 싶어 안달이지만 행복은커녕 불만 투성이에 병들어가고, 지쳐가고, 불안해하는 자신의 모습만 확인하게 됩니다. 이런 모습을 어머니가 보신다면 또 호통칠 게 분명합니다.

"호강이 넘쳐 요강에 자빠질 놈!"

부처님은 행복한 사람입니다. 부처님은 미소를 잃지 않는 분이셨습니다. 보살의 길을 걷는 사람이 늘 부처님을 그리워하는 까닭도 그분처럼 행복해지고 싶어서입니다. 헌데 우리는 걱정 근심 없는 그분의 평온한 미소를 부러워하면서도 정작 그분이 가르쳐준 행복의 길과 역행하는 경우가 많습니다. 부처님의 가르침을 따르겠다고, 나도 부처님처럼 되고 싶다고 생각한 사람이 여전히 돈과 권력의 행복을 꿈꾼다는 건 큰 잘못입니다.

행복은 어디서 오나

부처님을 늘 마음에 새기는 보살이라면 부처님의 행복이 어디에서 오는 것인지 명확히 인지해야만 합니다. 세상의 행복은 욕망의 충족에서 찾아오지만 부처님의 행복은 욕망을 버릴 때 찾아옵니다. 부처님의 행복은 욕망이 온갖 번민과 고뇌의 원인이 되며, 그 욕망이 터무니없는 망상에서 비롯된 것임을 통찰할 때 샘솟는 행복입니다. 돈과 권력과 욕심으로 채워졌던 마음의 곳간을 깨끗이 비우고 그 자리에 지혜를 가득 담아 부족한 이들에게 나눠주는 행복인 것입니다. 부처님의 제자라면 통장 잔고가 마이너스인 것보다 내 마음 속 지혜의 곳간이 마이너스인 것을 더 걱정해야 합니다.

욕망이란 실로 사나운 불길과 같습니다. 부처님께서 우루웰라깟사빠Uruvela kassapa를 비롯한 1,000명의 제자를 거느리고 라자가하로 오시던 길에 가야산 정상에서 하신 법문이 《장아함경》에 수록되어 있습니다.

"비구들이여, 온 세상이 불타고 있다. 온 세상이 불타고 있다는 것은 무엇을 말하는가? 눈이 불타고 있다. 눈에 보이는 빛깔과 형상이 불타고 있다. 눈의 분별이 불타고 있다. 눈과 그 대상의 접촉이 불타고 있다. 눈과 대상의 접촉에서 생기는 즐겁고 괴로운 느낌들이 불타고 있다.

비구들이여, 무엇 때문에 타오르는 것일까? 탐욕의 불 · 분노의 불 · 어리석음의 불 때문이다. 그 까닭에 늙음의 불길 · 질병의 불길 · 죽음의 불길 · 걱정의 불길 · 슬픔의 불길 · 고통의 불길 · 고뇌의 불길이 치솟고 있다. 귀에서도 코에서도 혀에서도 몸에서도 나아가 마음에서도 불길이 훨훨 타오르고 있다.

비구들이여, 이와 같이 관찰할 수 있는 현명한 제자는 눈에 대해서도, 눈으로 보는 빛깔과 형상에 대해서도, 눈과 대상의 접촉에 대해서도, 그 접촉에서 생기는 즐겁고 괴로운 느낌에 대해서도 집착하지 않는다. 집착을 떠나 마음이 해탈한다. 탐욕의 불·분노의 불·어리석음의 불에서 벗어나 마음이 해탈한 자는 '나는 이미 해탈했다'고 자각하게 된다. 그럴 때 그는 '나의 생은 이미 다했고, 청정한 수행은 이미 완성되었으며, 해야 할 일은 다 마쳤다. 이제는 더 이상 윤회의 굴레에 속박되지 않는다'고 스스로 알게 된다."

탐욕과 분노와 어리석음이 가져올 무서운 재앙에 대한 부처님의 경고를 가볍게 여겨서는 안 됩니다. 거센 불길은 실로 모든 것을 한순간에 삼켜버립니다.

강원도 동해시에서 살 때의 일입니다. 그 무렵 큰

산불이 나 다들 삽자루 하나씩 들고 산마루로 달려간 적이 있습니다. 가까이에서 본 산불은 정말 무서웠습니다. 바람을 타고 번진 불길에 나무가 탄다는 표현보다는 나무가 터진다는 표현이 적합할 정도였습니다. 어쩌다 몇몇 사람과 골짜기에 갇혀버리게 되었습니다. 자욱한 연기와 데일 것처럼 뜨거운 화염에 휩싸인 그때의 공포는 지금도 잊혀지지 않습니다.

다행히 누군가 그곳 지리를 잘 아는 이가 있어 무사히 빠져나올 수 있었지만 그 일로 화재가 얼마나 무서운 재앙인지 실감할 수 있었습니다. 온 시민이 해안가로 대피하는 소동을 겪고 3박4일 만에 그 불길은 겨우 잡혔습니다.

탐욕과 분노와 어리석음의 불길은 그 산불보다 사납고 거셉니다. 그 불길은 결코 3박4일의 노력으로 쉽게 잡힐 수 있는 것이 아닙니다. 그 불길은 소중한 재산의 일부를 앗아가는 정도에 그치지 않고 삶을 송두리째 몰락시키고 맙니다. 바로 지금의 우리가 그 불길

43

에 휩싸여 있는 것입니다.

　우리는 불길에 갇히고도 천방지축 장난질에 여념 없는 철부지 아이들과 같습니다. 탐욕의 불길, 분노의 불길, 어리석음의 불길, 그 거센 불길에서 빠져나와 안도의 숨을 돌리는 것이 바로 해탈이고 열반입니다. 부처님의 가르침을 배운다는 것, 그건 내가 직접 그 불길을 빠져나와 열반의 행복을 맛보는 것입니다. 그런 다음 나도 시름과 고통에 몸부림칠 누군가에게 구원의 손길을 내미는 것입니다.

　《법화경》〈비유품〉에서 부처님은 말씀하셨습니다.

　"너희들은 삼계의 불타는 집에 있기를 좋아하지 말며, 보잘것없는 빛·소리·냄새·맛·감촉을 탐하지 말라. 탐내고 애착하면 곧 불에 타게 되느니라. 너희들이 삼계에서 빨리 나오면 마땅히 성문이나 벽지불 또는 불승을 얻으리라. 내 이제 너희들에게 이 일을 보증하니 결코 허망하지 아니하니라. 너희들은 부지런히 정진하라."

근간에 생긴 좋은 버릇이 하나 있습니다. 이른 아침 새소리가 들리면 눈을 번쩍 뜨고 곧장 옥상으로 올라가 천천히 번지는 아침 햇살을 맞이합니다. 그 따스한 햇살이 모퉁이에 놓아둔 작은 화분들을 하나하나 가득 채울 때까지 기다리며, 매일매일 또렷한 목소리로 스스로에게 묻습니다.

"부처님은 밥그릇 하나 떨어진 옷 한 벌로 누구보다 행복하셨다. 나는 행복한가?"

04

세상살이 많은 일들에 부딪혀도 마음이 흔들리지 않고 슬픔 없이 번민 없이 안온한 것, 이것이 바로 최고의 축복입니다.

발보리심

깨달음은 어디에 있나

보살의 첫걸음으로 발보리심發菩提心을 이야기합니다. 보리심은 아뇩다라삼먁삼보리심阿耨多羅三藐三菩提心을 줄인 말입니다. 발보리심이란 무상정등정각無上正等正覺, 즉 그보다 더 높은 것은 없는 최고의 깨달음, 완전하고 원만하고 바른 깨달음을 나도 얻으리라고 다짐하는 것입니다. 그 에너지가 원동력이 되어 보살들은 낯설고 두려운 환경에서도 용감하게 자신의 신념을 실천에 옮깁니다. 완전한 깨달음을 구현하겠다는 보살들의 선언 중 대표적인 것은 사홍서원四弘誓願입니다.

> 가없는 중생을 모두 건지오리다
> 끝없는 번뇌를 모두 끊으오리다
> 한없는 법문을 모두 배우오리다
> 위없는 깨달음 모두 이루오리다.

경전 속에서 '최고, 원만, 광대, 무변……' 이런 단어들을 읽을 때마다 과거에는 한없이 눈을 위로 치켜뜨고, 지평선 너머 아득한 곳 어딘가를 그리며 동공이 풀어지곤 하였습니다. 완전한 깨달음, 그건 가까이에서는 도저히 찾을 수 없는 것이라 생각했습니다. 최고의 깨달음을 얻기 위해선 아주 멀리 어딘가로 떠나야만 할 것 같고, 특별한 누군가를 만나야만 할 것 같고, 특별한 어떤 행동을 해야만 할 것 같은 강박관념에 사로잡히고는 하였습니다. '지금' '여기에' 있는 것은 아니라 여겼습니다.

'아, 나도 아뇩다라삼먁삼보리를 얻었으면……'

늘 그렇게 꿈꾸며 완전한 깨달음을 찾아다녔습니다. 그 길에서 만났던 선지식 중 한 분은 깊이 고뇌하듯 늘 인상을 찌푸리는 나를 보고 짧고 강한 목소리로 물으셨습니다.

"뭐가 그리 고민인가?"

"깨달음이 뭔지 도대체 모르겠습니다."

"깨달음은 얻어서 뭐하려고?"

뜻밖의 질문에 당황스러웠습니다.

"불교공부 하는 사람이 아뇩다라삼먁삼보리를 얻고 싶은 거야 당연하지 않습니까?"

"남 얘기는 하지 말고, 자네 생각을 이야기해 봐. 자네는 아뇩다라삼먁삼보리를 얻어서 뭐하려고?"

"싯닷타Siddhattha, 悉達多는 아뇩다라삼먁삼보리를 얻어 부처님이 되지 않았습니까? 저도 부처님처럼 되고 싶어서요."

"부처님이 되면 뭐가 좋은데?"

"부처님이 되면 모든 번민과 고뇌가 사라지고 어떤

고통도 없는 행복한 삶을 살게 되잖아요."

"그럼 자네는 번민과 고뇌를 해결하기 위해 그렇게 잔뜩 인상을 쓰며 번민하고 고뇌한단 말인가?"

소스라치게 놀랐습니다. 그분의 지적대로 그 순간의 나는 오로지 번민을 해결하고 싶어 다시 번민하기만 하는 어리석은 바보였습니다. 벌겋게 달아올라 어쩔 줄 모르는 철부지를 부드러운 미소로 달래며 나지막한 목소리로 말씀하셨습니다.

"가자미처럼 자꾸 눈을 위로 뜨지만 말게. 사람이 땅을 딛고 걸어야지 허공을 걸을 수는 없는 법이야. 옛말에도 땅에서 넘어진 자 땅을 딛고 일어서라 하지 않던가. 다시 대화의 원점으로 돌아가 보지. 자네 완전한 깨달음을 얻고 싶다고 했지?"

"네."

"그 이유가 고뇌와 번민을 깨끗이 없애고 싶어서라고 했지."

"네."

"그럼, 자네가 무엇 때문에 고민하고 있는지, 어떻게 괴로움을 느끼고 있는지 스스로 살피는 것이 먼저야. 그렇지 않겠나?"

　"네. 그렇습니다."

　"지금 당장 무엇 때문에 괴로워하고, 어떻게 괴로워하고 있는지 스스로 알았다면 다음엔 왜 이런 괴로움이 찾아오게 되었는지를 살펴야겠지?"

　"네."

　"그 정도 찬찬히 살필 마음이 되었다면 어떻게 하면 그 괴로움이 사라질지 스스로 알게 돼. 그럼 그 괴로움을 없애면 되는 거야. 남의 도움 필요 없이 직접 말이지."

　대화의 맥락을 잡았다는 생각에 제법 밝은 목소리로 말씀드렸습니다.

　"고·집·멸·도 사성제四聖諦의 가르침에 따라 해결하면 된다는 말씀이지요?"

　그분은 도리어 마땅찮다는 표정을 지으며 혀를 차

셨습니다.

"자네, 그게 병이구먼. 자네는 지금 무슨 말만 들으면 기존에 가지고 있던 지식과 비교해 옳고 그름을 판단하고, 자신의 주장을 굳건히 하거나 또는 자신의 지식체계를 수정보완하려는 데에만 관심이 있어."

불쾌함이 뒤섞인 부끄러움에 쥐구멍이라도 있으면 숨고 싶은 심정이었습니다. 그런 저에게 다시 다정한 목소리로 말씀하셨습니다.

"자네, 부처님처럼 행복해지고 싶다고 했지?"

"네."

"그럼, 지금 당장 자네가 무슨 짓을 하고 있는지를 봐. 무엇이 그리 문제인지 그걸 자네 두 눈으로 직접 봐. 오직 그것에만 주의력을 기울여야 해. 그러지 않고 생각의 퍼즐만 끊임없이 맞췄다 흩트렸다 하는 건 실질적으로 자네에게 도움이 되지 않아. 그렇게 해선 자네가 그리도 꿈꾸는 평온과 열반을 절대 맛볼 수 없어. 그건 진짜 불교공부가 아니야."

정신이 번쩍 들었습니다. 칼국수가 먹고 싶어 밀가루 반죽을 할 도구를 찾다가 어디서 '도깨비방망이만 있으면 뭐든지 단숨에 뚝딱이다'는 소문을 듣고 쫄쫄 굶으며 천지사방으로 찾아다닌 기분이었습니다.

《법화경》에서는 온 세상을 사고도 남을 만한 귀한 보배가 옷섶에 숨겨져 있다고 말씀하시고, 수많은 선사禪師들이 "네가 바로 부처다"고 호통을 치셨습니다. 성현들께서 입에 소태가 끼도록 당부했건만 나는 늘 버릇처럼 멀리 어딘가에 있을 부처와 깨달음과 행복을 찾아다녔던 것입니다. 행복의 파랑새를 찾아 숲과 들을 헤맨 동화를 골백번도 더 듣고, 봄을 찾아 온 산을 떠돌다 해질녘 피곤한 걸음으로 털레털레 되돌아오니 내 집 마당에 매화가 방긋 피었더라는 시구를 자랑삼아 외우면서도 정작 자신이 그러고 있다는 사실은 까맣게 잊었던 것입니다.

실천이 없다면 깨달음도 없다

'도깨비방망이'가 있어야만 칼국수를 먹을 수 있는 건 아닙니다. "칼국수 나와라 뚝딱!" 하지 않아도 급한 대로 빈병이라도 주워 밀가루 반죽을 밀면 칼국수를 만들어 먹을 수 있습니다.

지금 내가 무엇을 하고 있는지, 무엇이 필요한지, 분명히 알았다면 주어진 상황에 맞추어 최선의 행동을 하면 되는 것입니다. '깨달음'이란 문제를 해결하기 위해 필요한 것입니다. 문제가 전제되지 않고도 홀로 자신만의 가치와 영역을 확보하고 있는 '깨달음'이란 존재하지 않습니다. 아니, 설령 존재한다 해도 그런 깨달음은 별로 쓸 곳이 없습니다. 허울 좋은 장식품일 뿐이지요.

보살들이 "저도 부처님처럼 완전한 깨달음을 얻어 모든 고뇌를 소멸하고 고통 속에 시름하는 이들을 구제하겠습니다"라고 서원을 세우는 것은 겪고 있는 고뇌와 번민을 소멸하기 위한 올바른 노력을 끊임없이

53

시도하겠다는 다짐입니다. 즉 육바라밀을 실천하고 또 실천해 나와 주변의 고통을 해소하겠다는 선언입니다. 그것이 곧 완전한 깨달음을 구현하는 길입니다. 실천이 전제되지 않은 깨달음과 행복은 없습니다. 깨달음이란 곧 올바른 실천이라 해도 과언이 아닙니다.

모든 이들이 갈망하고 추구하는 행복과 축복에 대해 부처님께서는 《숫타니파타》 〈위대한 축복의 경〉에서 다음과 같이 말씀하셨습니다.

"어리석은 사람과 사귀지 않고 슬기로운 사람과 가까이 지내며 존경할 만한 사람을 공경하는 것, 이것이 바로 최고의 축복입니다.

분수에 맞게 살고 일찍부터 공덕을 쌓아 스스로 바른 서원을 세우는 것, 이것이 바로 최고의 축복입니다.

많이 배우고 익히며 절제하고 훈련하여 의미 있는 대화를 나누는 것, 이것이 바로 최고의 축복입니다.

아버지와 어머니를 섬기고 아내와 자식을 돌보며

일을 함에 있어 부산하지 않은 것, 이것이 바로 최고의 축복입니다.

더불어 나누고 정의롭게 살며 친지를 보호하고 비난받지 않을 행동에 게으르지 않은 것, 이것이 바로 최고의 축복입니다.

악을 싫어하여 멀리하고 술을 절제하며 덕행을 열심히 쌓는 것, 이것이 바로 최고의 축복입니다.

존경하고 겸손하며 만족스러워하고 감사할 줄 아는 마음으로 적절한 때에 가르침을 듣는 것, 이것이 바로 최고의 축복입니다.

인내하며 온화한 마음으로 수행자를 만나 가르침을 서로 논의하는 것, 이것이 바로 최고의 축복입니다.

감관을 수호하여 청정하게 살며 거룩한 진리를 관조하여 열반을 이루는 것, 이것이 바로 최고의 축복입니다.

세상살이 많은 일들에 부딪혀도 마음이 흔들리지 않고 슬픔 없이 번민 없이 안온한 것, 이것이 바로 최고의 축복입니다.

　이러한 방법으로 그 길을 따르면 어디서든 실패하지 않고 어디서든 번영하리니, 이것이 바로 최고의 축복입니다."

　행복과 축복에 대한 부처님의 대답은 결코 관념적이지 않습니다. 부처님께서 제시하신 행복의 길은 구체적 행동이고, 우리가 살아가고 있는 현실에서 꼭 필요한 덕목들이며, 지금 당장 그대로 실천에 옮길 수 있는 것들입니다. 또한 대승경전에서 이야기하는 육바라밀과도 결코 다르지 않습니다.

　한때 아함부 경전들을 소승이라 치부하며 가볍게 여긴 적이 있습니다. 세월이 지나 그런 소견이 얼마나 바보스러운지 깊이 깨달았습니다. 중생의 눈엔 소승과 대승의 구분이 있고, 요의경과 불요의경의 구분이 있을지 몰라도 부처님 눈엔 그런 구분이 있을 수 없습니다.

　《법화경》〈방편품〉에서도 말씀하셨습니다.

"사리불아, 과거 여러 부처님들이 한량없고 수없는 방편과 갖가지 인연과 비유로 중생을 위해 법을 연설하셨는데 이 법이 다 일불승一佛乘을 위한 것이니라. 그러므로 모든 중생들이 부처님을 따라 법을 듣고 깨달아 마침내 모두 일체종지를 얻었느니라."

05

선지식

선지식은 "나만 안다" "내가 다 해 주겠다" "내가 최고다" 하지 않습니다. 선재동자가 만난 선지식들은 결코 그러지 않았습니다.

진정한 선지식

삶은 길고 긴 여행입니다. 누구나 행복을 꿈꾸며 그 여행길에 나섭니다. 하지만 그렇게 무리지어 걸어가는 이들이 다들 즐겁게 그 길을 걷고 있는 것은 아닙니다. 여름철 무지개를 좇던 아이처럼 꿈에 부풀어 나선 길이지만 기대와 달리 그 길엔 기쁨과 환희보다 더 많은 위험과 공포가 도사리고 있습니다. 삶의 절반쯤을 넘어서면 많은 이들이 그 험난함과 공포 앞에 눈물 짓고 맙니다. 또 몇몇은 아예 주저앉아 버리기도 합니다. 인생은 어릴 적 꿈처럼 결코 달콤하지 않습니다.

하지만 길고 긴 삶의 여행에서 모든 이들이 피로와 절망에 굴복하는 것은 아니고, 또 언제나 슬픔과 눈물에 젖기만 하는 것도 아닙니다. 지친 사람들 틈바구니에 남을 도울만한 역량을 갖춘 이들이 있고, 또 때론 그 사람이 바로 나일 때도 있습니다. 서로의 아픔을 위로하고, 힘겨워하면 힘닿는 대로 대신 짊어져 주고, 조금만 가면 맑고 시원한 샘이 있으니 힘내자고 격려하는 사람들이 있습니다. 그렇게 고단한 여행길에서 좋은 길동무가 되어 주는 이들, 그들을 선지식善知識이라 부릅니다.

선우善友라 하기도 하는 선지식은 아뇩다라삼먁삼보리로 향한 바른 길을 가르쳐 주는 이들을 말합니다. 《화엄경》〈입법계품〉을 보면 선재동자善財童子가 완전한 진리, 행복한 삶을 찾아 남방을 순례하며 53선지식을 탐방하는 이야기가 나옵니다. 그 이야기를 통해 선지식의 모습을 좀더 구체적으로 살필 수 있습니다.

선재동자가 만난 선지식들은 나이도 성별도 신분도 직업도 다양합니다. 물론 비구스님도 있고 비구니스님도 있지만 그보다 많은 숫자의 선지식이 비구도 비구니도 아닙니다. 그들 가운데는 사람들의 병을 치료하는 의사도 있고, 막대한 부를 일군 장사꾼도 있고, 엄한 법률로 나라를 다스리는 왕도 있고, 전통을 고수하며 하늘에 제사지내고 주문을 외우는 바라문도 있고, 극심한 고행을 일삼는 자이나교도도 있고, 온갖 복락을 넘치게 누리는 천신도 있고, 사람들에게 공포의 대상이 되는 야차도 있고, 심지어 유곽에서 몸을 파는 창부도 있습니다.

이 이야기에서 특정한 신분과 외형이 선지식의 특징은 아니라는 사실에 주목해야 합니다. 전설의 고향이나 동화 속에 나오는 도인과 신선은 공통된 외형적 특징이 몇 가지 있습니다. 커다란 삿갓 아래로 늘어트린 기다란 수염, 팔뚝보다 굵은 나무지팡이, 낮은 저음에 쉽게 보여주지 않는 신비로운 눈빛 등등입니다.

많은 이들이 부처님의 가르침을 배우며 올바른 길을 지시하고 독려해 줄 선지식을 갈구합니다. 하지만 개중에는 선지식에 대해 잘못된 선입견을 가지고 있는 경우가 종종 있습니다. "저 사람은 나이도 어린데 무슨 선지식이야, 여자가 무슨 선지식이야, 스님도 아닌데 무슨 선지식이야, 기독교 믿는 사람인데 무슨 선지식이야, 청소나 하는 사람이 무슨 선지식이야!" 등등으로 생각하거나 말하기도 합니다.

또 몇몇은 동화 속 신선처럼 긴 도포자락에 수염을 휘날리며 커다란 지팡이를 짚고 목소리를 깔면서 직접 선지식 흉내를 내기도 합니다. 이렇게 생각하거나 말하거나 행동한 적이 있다면 그것은 '선지식'이란 말의 올바른 뜻을 모르고 있는 것입니다.

어느 노점상 아주머니가 길바닥에서 양말을 팔고 있었답니다. 단속반이 갑자기 들이닥쳐 호각을 불고 몽둥이를 휘두르며 손바닥만한 아주머니의 좌판을 엎어버렸답니다. 단속반원은 자신의 발밑에서 주섬주섬 양말을 줍는 아주머니를 상전이 하인 나무라듯 호통 치고 사라졌습니다. 한 켤레 한 켤레 양말에 묻은 먼지를 털며 아주머니는 서럽고 원망스러워 눈물을 그칠 수 없었답니다. 그때 그 모습을 처음부터 지켜보던 한 신부님이 조용히 다가와 두 손으로 어깨를 다독이 며 말했답니다.

"아주머니, 힘내세요. 지금은 이렇게 힘들지만 분명 행복한 날이 올 거예요."

가슴 속 응어리가 눈 녹듯 사라졌답니다. 그 아주머니는 자기가 팔던 양말을 한 켤레 선물했고, 신부님은 그 양말을 두 손으로 감사히 받았다고 합니다.

얼마 전 타개하신 김수환 추기경의 일화입니다. 차를 마시는 자리에서 그 이야기를 듣고 울컥 눈물이 솟았습니다. 다 큰 사람이 우냐고 흉볼까 싶어 얼른 눈을 감아버렸습니다. 그리고 속으로 그분에게 합장하였습니다.

'김수환 추기경 보살마하살.'

과연 그분을 선지식이 아니라고 할 수 있을까요? 분명 선재동자가 만난 선지식들은 다양한 신분과 직업을 가지고 있습니다. 그들은 그들의 삶을 그대로 유지하면서 스스로 행복을 일구고, 많은 사람들에게 그 행복을 전하고 있습니다. 심지어 바수밀다婆須蜜多라는 여인은 창녀입니다. 그녀는 부처님의 가르침을 실천하기 위해 직업을 바꾸지도 외형을 바꾸지도 않았습니다. 선재동자가 사자분신비구니의 가르침에 따라 바수밀다를 찾아가 물었습니다.

"무엇이 보살의 길입니까?"

웃음과 교태를 파는 여인 바수밀다는 이렇게 대답합니다.

"선량하신 분이시여, 다들 음욕을 품고 저를 찾아오지만 저는 그들에게 음욕을 벗어난 법문을 가르쳐 주고 애착이 사라진 삼매를 얻게 합니다. 저의 얼굴을 보는 사람은 환희삼매를 얻게 하고, 저와 말을 주고받는 사람은 그 음성을 아름답게 합니다. 저의 손목을 잡는 사람은 부처님 세계로 가는 비밀을 얻게 하고, 저와 한자리에 서는 사람은 해탈의 광명을 얻게 합니다. 저를 품에 안는 사람은 모든 중생을 건지고 보호하려는 마음을 품게 하고, 저와 입을 맞추는 사람은 비밀스러운 공덕의 보배창고를 얻게 합니다. 누구든 내게 오는 사람은 애욕을 벗어나는 법을 얻게 합니다."

애욕의 구렁에서 한 발짝도 움직이지 않고 애욕을 벗어난 기쁨을 순간순간 향유한다는 것, 애욕을 좇아 달려드는 사람에서 애욕을 벗어난 평온함을 전한다는 것, 이것은 거의 불가능에 가까운 이야기입니다. 바수밀다는 남들에게 손가락질 받는 비천한 직업에 종사하면서도 그는 누구보다 행복할 줄 알고, 남들을 행복하게 이끌 능력을 갖추고 있습니다.

대승의 보살들은 주어진 삶의 고난에서 회피하거나 도망치지 않습니다. 불길 속에 갇힌 아들을 보면 어머니는 알몸으로도 뛰어들듯 고난의 구렁텅이 한가운데로 용감하게 뛰어듭니다. 이런 사람이 진정한 대장부고, 승리자며, 선지식입니다. 선입견에 사로잡혀 외형을 쫓아 선지식을 찾을 것이 아니라 따뜻한 마음과 아름다운 행위에서 선지식을 발견해야 합니다. 자신이 처한 상황을 회피하지 않고 역경을 이겨내며 자신과 주변 사람들에게 이익을 주고 행복을 전하는 사람들이 있습니다. 부처님의 가르침을 배우는 자들이 보고 배워야 할 이들은 바로 그들입니다.

악지식과 선지식

우리 주변에는 선지식을 자처하는 사람들이 참 많습니다. 무엇부터 해결해야 할지 종잡을 수 없을 만큼 힘들 때, 누구나 한번쯤 이런 생각을 하게 됩니다.

'아, 이 모두를 단번에 해결해 줄 사람은 없을까?'

그럴 때, 번쩍이는 혜성처럼 나타나 그 무겁고 지긋지긋한 고통을 단숨에 해결해 줄 것처럼 호언장담하

65

는 이들이 있습니다. 그러면 많은 사람들이 그들을 선지식으로 믿고 의지하게 됩니다. 하지만 반드시 의심해 보아야 합니다.

'진짜 선지식일까?'

지난 경험에 비추어 보건대 세상만사 나 홀로 안다는 식으로 목청을 높이고 눈빛을 번뜩인 사람치고 참된 선지식이었다고 깊이 수긍되는 사람은 하나도 없습니다. 늘 우열을 가리는 시선으로 세상을 바라보던 시절 나보다 많이 알고, 나보다 말 잘하고, 나보다 능력 있는 사람들을 찾아다닌 적이 있습니다. 나보다 낫다 싶으면 쇼군 앞의 사무라이처럼 무릎을 꿇고, 나보다 못하다 싶으면 호랑이처럼 쌍심지를 치켜세우곤 했습니다. 그때 내 머릿속 선지식은 누구 앞에서도 머리를 숙이지 않는 자, 절대강자였습니다. 개중에는 예의범절 같은 건 안중에도 없이 고함을 치고, 몽둥이를 휘두르며, 등등한 기세로 대중 위에 군림하는 자도 있었습니다. 지나고 보니 그들은 선지식이 아니라 악지식惡知識이었습니다. 지치고 힘든 이들을 격려하고 용기를 주기는커녕 나약해진 심리를 이용해 자기의 이익과 권력만 탐한 자들이었습니다.

지금 이 자리에 살아가고 있는 자는 나입니다. 내가 겪는 기쁨과 고통의 깊이를 한 치의 오차도 없이 고스란히 느낄 수 있는 사람은 오직 한 사람, 자신뿐입니다. 또한 그 고뇌를 해결할 수 있는 사람도 오직 한 사람, 자신뿐입니다. 나의 삶을 대신할 사람은 누구도 없습니다. 그럴 때 선지식이란 '이렇게 생각해 보면 좋지 않을까?' '이렇게 한번 말해 보지!' '이렇게 한번 해봐!' 하고 권하며 등을 두들겨 주는 사람입니다.

어린 시절 여름방학이 시작되면 동네 아이들은 가방을 대문간에 던지고 우르르 냇가로 몰려가곤 했습니다. 한여름 뙤약볕 아래 숯검정이 되어 여름 내내 그렇게 뛰어다녔습니다. 그러다 개학식이 사흘쯤 앞으로 다가오면 그때서야 한바탕 난리를 치르곤 했습

67

1장 | 보살과 바라밀

니다. 방학생활이라는 과제물이야 성실한 놈 걸 가져다 베긴다지만 기억도 나지 않는 한 달치 일기와 본 적도 없는 관찰일기를 써야 하고, 읽지도 않은 책 감상문을 세 편씩이나 쓰고 그림에 비누조각도 해야 했습니다. 그때서야 막막한 심정으로 공범인 동네 꼬마들과 함께 평상에 꼬물꼬물 엎어져 아침부터 부산을 떨며 총알처럼 밀린 숙제를 해 나갑니다. 그러다 해가 뉘엿뉘엿 기울 때쯤이면 하나 둘씩 연필을 던지며 투덜거리곤 했습니다.

"아, 방학숙제 대신해 줄 사람 누구 없을까?"

그러면 고구마를 한 소쿠리 손에 든 어머니가 나타나 돌아가며 꿀밤을 먹이곤 하셨습니다.

"그러게 하라고 할 때 했어야지, 요놈들아. 말똥 꼬시다 요놈들."

허나 그깟 꿀밤쯤 안중에도 없습니다. 소쿠리로 달려들어 입이 터지도록 고구마를 베어 물고 나면 다들 얼굴 한가득 웃음이 넘쳤습니다. 그렇게 깔깔거리다 던져버린 연필을 다시 주워들고 꼬물꼬물 숙제를 하기 시작했습니다. 물론 형도 한마디씩 거들었습니다.

"쉬운 것부터 해 어려운 건 나중에 하고……."

"이건 이런 거야……."

그렇게 지칠 때마다 어머니가 나타나고 형이 거들어 꾸역꾸역 그 고난의 길도 무사히 넘기곤 했습니다. 사흘 밤낮 곤욕을 치르고도 다음 방학이면 재방송이었던 건 물론입니다.

그때의 어머니와 형이 한 역할이 선지식이었습니다. 선지식은 "나만 안다" "내가 다 해 주겠다" "내가 최고다" 하지 않습니다. 선재동자가 만난 선지식들은 결코 그러지 않았습니다. 그들은 자신들이 터득한 지혜와 행복을 자상히 가르쳐 주고, 꼭 이런 말씀을 덧붙였습니다.

"내가 알고 터득한 지혜와 삼매는 이것뿐입니다. 다른 것을 알고 싶으면 어디 어디로 찾아가 보십시오."

수행자란 무엇인가? 부처님을 닮아가는 사람들입니다. 늘
부처님을 생각하며, 부처님처럼 말하고 부처님처럼 행동하
려는 사람들, 즉 보살이 수행자입니다.

수행자와 수행

교양대학에서 강의를 하다 보면 꼭 받게 되는 질문
이 있습니다.

"수행하려면 어떻게 해야 합니까?"

사람들은 대부분 '수행'이라는 단어를 들으면 내가
하고 있는 행동과는 다른 종류의 특별한 행동이라 생
각하고, '수행자'라는 단어를 들으면 나와는 차원이
다른 특별한 사람들이라고 생각합니다. 이런 생각들
은 하나하나 재고해 볼 필요가 있습니다.

수행의 목적은 무엇인가? 성불^{成佛}입니다. 부처님이

되는 것이 수행의 목적입니다.

왜 부처님이 되려고 하는가? 부처님은 모든 번민과 고뇌를 해소한 행복한 사람이기 때문입니다. 우리가 수행하려는 까닭은 그런 부처님처럼 행복해지기 위해서입니다.

수행이란 무엇인가? 부처님처럼 생각하고 말하고 행동하는 것입니다. 현재 나의 생각과 말과 행동이 불행한 결과를 초래하는 것이라면 부처님의 가르침에 따라 그 생각과 말과 행동을 교정하는 작업이 바로 수행입니다.

그럼, 수행자란 무엇인가? 부처님을 닮아가는 사람들입니다. 늘 부처님을 생각하며, 부처님처럼 말하고 부처님처럼 행동하려는 사람들, 즉 보살이 수행자입니다. 물론 부처님께서 그러셨듯이 세속에서의 모든 권리와 의무를 포기하고, 머리를 깎고, 가사를 입고, 집 없는 삶을 살아가며 37조도품을 부지런히 배우고 실천하는 것도 부처님을 닮아가는 행위일 것입니다.

하지만 대승의 보살들은 부처님의 전생을 닮아가는 것도 빼놓지 않습니다. 전생의 부처님은 모든 면에서 절대 우위에 놓인 존재가 아니었습니다. 자신에게 주어진 삶에서 최선을 다해 좋은 성과를 이루고, 그 성과를 타인과 함께 나누려고 애쓰는 존재였을 뿐입니다. 기나긴 세월 보살은 신하와 백성들에게 훌륭한 왕으로, 가족들에게 훌륭한 자식이자 남편이자 아버지로, 이웃들에게는 훌륭한 벗으로 살았습니다. 다양한 모습, 다양한 신분, 다양한 직업으로 살아가며 고통 속에서 아우성치는 이웃을 외면하지 않고 자신의 모든 것을 바쳐 주위의 생명체들을 돌본 분이셨습니다.

그렇게 수없는 생애 동안 선근공덕善根功德을 쌓아 부처님이 되신 뒤에도 그분의 삶은 늘 이웃과 함께하는 것이었습니다. 따가운 뙤약볕을 쐬며 맨발로 평생을 떠도신 것도 고뇌를 벗어날 길을 한 사람에게라도 더 알려 주기 위해서였습니다. 비원이 서린 그분의 발걸음은 깨달음을 이루신 후 45년 동안 한 번도 멈춘 적이 없습니다. 생애를 마감하고 두 그루 살라나무 아래에서 눈을 감는 순간에도 당신 가슴속에는 제자들을 돕고 싶은 마음뿐이었습니다.

"비구들이여, 부처와 법과 승가에 대해 의심이 남아 있는 사람은 없는가? 그런 사람이 있다면 빨리 물어라. 때를 놓치고 후회하는 일이 없도록 하라. 내 숨이 붙어 있는 동안 설명해 주리라. 부끄러워 직접 묻지 못하겠거든 나중에 후회하지 말고 곁에 있는 벗을 통해서라도 빨리 물어라."

부처님이 된다는 것, 보살이 된다는 것, 선지식이 된다는 것, 수행자가 된다는 것, 그건 우리도 부처님처럼 죽는 순간까지 온기가 식지 않는 따뜻한 심장을 품는 것입니다. 그런 따뜻한 가슴으로 수없는 생애 동안 부처님께서 그러셨듯이 주어진 삶에서 누군가의 좋은 상사, 좋은 직원, 좋은 아버지, 좋은 어머니, 좋은 아들, 좋은 딸, 좋은 남편, 좋은 아내, 좋은 스승, 좋은 제자, 좋은 친구, 좋은 이웃이 되려고 힘닿는 대로 노력하는 것입니다. 그것이 수행입니다.

그럼, 모든 이들의 좋은 친구, 좋은 이웃이 되는 행동에는 어떤 것들이 있는가? 대승에서는 필요한 재물을 이웃에게 베풀고, 훌륭한 규범들을 모범적으로 지키며, 모욕을 당해도 분노하지 않고 참으며, 좋은 결과를 얻을 때까지 열심히 노력하고, 몸과 마음을 고요히 하는 시간을 가지고, 진실을 파악할 줄 아는 지혜를 터득하는 것이라고 말합니다. 이것을 육바라밀이라고 합니다. 육바라밀을 실천하기 위한 전제조건은 아무것도 없습니다. 수행을 위한 공간이 따로 있고, 수행하는 시간이 따로 있는 것이 아닙니다. 지금 서 있는 자리에서 당장 나와 이웃 모두에게 적절하고 유익한 행동을 하면 그것이 곧 수행이고, 그곳이 곧 도량道場입니다.

보살의 바라밀, 그건 행복을 가꾸는 사람들의 Never ending
story입니다. 보살의 바라밀, 그건 모두의 행복을 꿈꾸며 보
시·지계·인욕·정진·선정·지혜를 끝없이 갈고 닦고
실천하는 것입니다.

바라밀, Never ending story

바라밀이란

바라밀波羅蜜, pāramitā은 피안의 언덕으로 건너간다는
뜻입니다.

부처님은 당신의 가르침을 강을 건널 때 쓰는 뗏목
에 비유하곤 하셨습니다. 온갖 맹수와 위험이 도사린
밀림을 헤매던 사람이 강가에 다다랐습니다. 강 건너
편은 넓은 들에 온갖 곡식과 과일이 풍성한 곳입니다.
그곳엔 갑자기 튀어나와 뒷덜미를 무는 맹수도 없고,
슬금슬금 목덜미를 기어오르는 독충도 없고, 손과 발

을 할퀴는 독초도 없습니다.

　지금 겪고 있는 온갖 두려움과 공포를 벗어나려면 강을 건너 이 언덕에서 저 언덕으로 건너가야만 합니다. 그러나 그 강물은 깊고 차갑고 거세게 소용돌이치고 있습니다. 어떻게 해야 할까요? 그렇습니다. 쉽게 가라앉지 않을 튼튼한 배를 만들고, 거친 물살을 타는 방법을 배우고, 부지런히 노를 저어야 합니다. 그렇게 강을 건너 저 언덕에 오르는 것 그것을 바라밀이라고 합니다.

　삶이라는 거친 물살을 헤치며 강을 건너는 사람은 나 혼자가 아닙니다. 수많은 사람들이 함께 그 강을 건너고 있습니다. 어떤 이는 헤엄쳐서, 어떤 이는 나무토막을 잡고, 어떤 이는 뗏목을 타고, 어떤 이는 쾌속선을 타고 강을 건너고 있습니다. 큰 힘 들이지 않고 거센 물살을 헤치는 이도 있고, 작은 파도에도 휘청거리는 이가 있고, 중도에 포기하고 손을 놓는 이도 있습니다.

수많은 사람들이 폭류에 휩쓸려 아우성치고 있는 곳, 이곳이 삶의 현장입니다. 거센 물살은 제 한 몸 건네기도 벅찹니다. 다들 오직 저쪽 언덕만 바라보며 한 걸음이라도 앞서가려고 발버둥칩니다. 하지만 개중엔 그렇지 않은 사람도 있습니다. 피안의 언덕으로 향하던 걸음을 잠시 늦추고 옆을 돌아보는 이들이 있습니다. 힘이 빠져 허우적거리는 이들, 게으름 떨며 뒤처지는 이들, 용기가 없어 지레 겁먹는 이들, 앞으로 가지 않고 도리어 뒤로 돌아가는 이들, 그들을 돌아보며 소리치는 사람이 있습니다.

"여러분, 이거라도 붙잡으세요."

"이 고비만 넘기면 됩니다. 조금만 더 힘내세요."

"거기가 아닙니다. 이쪽으로 가세요."

한 사람이라도 더 태울 커다란 뗏목을 엮고, 함께 위로하고 돕고 격려하며 고난의 강을 건너 행복의 언덕에 오르는 것, 이것을 대승보살의 바라밀이라 합니다.

Never ending story

한때 한 소식을 꿈꾼 적이 있습니다. 도깨비방망이처럼 한 소식만 하면 현재 겪고 있는 모든 문제가 싹 풀리고, 앞으로도 거치적거릴 것이 하나도 없으리라고 생각한 적이 있습니다. 한 소식만 하면 험난한 삶의 강을 훌쩍 뛰어넘어 평안하고 행복한 저 언덕에 단숨에 오르리라고 생각한 적이 있습니다. 한 소식만 하면 모든 이들을 손가락 하나로 가볍게 들어 저 언덕에 건네줄 수 있으리라고 생각한 적이 있습니다. 참, 뭘 몰라도 한참 몰랐던 철없는 생각이었습니다.

동화 속 주인공들이 꼭 그랬습니다. 부엌데기 신데렐라는 신발 한 켤레로 왕자님을 만나 행복하게 살았습니다. 백설공주 역시 죽음이라는 결정적인 순간에 왕자님의 키스로 살아나 왕자님과 행복하게 살았습니다. 우물에 빠진 공을 주워준 게 고마워 키스 한 번 해준 개구리가 왕자님으로 변해 결혼해서 행복하게 살았습니다. 헌데 철들고 보니 이런 질문을 하게 됩니다.

"그 후로도 쭉 행복했을까?"

요만큼이라도 인생을 살고 보니 조금은 알겠습니다. 삶의 강이 얼마나 넓은지, 그 물살은 또 얼마나 거센지, 무사히 건널만한 힘과 지혜가 나에게 얼마나 부족한지, 늘 예상을 벗어나는 물살의 움직임을 파악한다는 게 얼마나 힘든 일인지, 저 혼자 건너기도 버거운데 이웃까지 돌아본다는 게 얼마나 지난한 일인지를 말입니다.

《장자》〈추수편〉에 이런 글이 있습니다.

"가을철 때가 되어 모든 냇물이 황하로 몰려드니, 탁한 물결이 도도히 넘실거리는 것이 양쪽 기슭에 풀어놓은 말과 소들이 가물가물할 정도였다. 이에 황하의 신 하백河伯이 매우 기뻐하며 천하의 장관은 바로 자기에게 있다고 생각했다. 그가 강물을 따라 동쪽으로 흘러 북해에 다다라 동쪽을 바라보니 그 끝이 보이질 않았다. 하백은 비로소 얼굴빛을 고치고 멍하니 북해의 신 약若을 향해 탄식했다. '속담에 백 가지쯤 알

79

아들고는 천하에 자기만한 이가 없다고 생각한다고 하더니, 그것이 바로 나를 두고 한 말이었군요…….' "

사립문 밖 봇도랑이라면 아마 폴짝 뛰어 건널 수도 있을 것입니다. 어린 시절 앞마당처럼 뛰어놀던 냇가라면 쉽게 헤엄쳐 건널 수도 있을 것입니다. 하지만 인생은 한강보다 황하보다 아니 태평양보다 넓습니다. 그 험난함은 가히 상상을 불허합니다. 동화 속 왕자님과의 키스는 어린 시절 추억일 뿐입니다.

이야기는 끝나지 않았습니다. 왕자님이 새 구두를 만들어 다른 여인들 발을 만지고 다니지는 않았을까요? 키스하기 좋아하는 그놈의 버릇 때문에 공주가 속을 썩지는 않았을까요? 옛날엔 키스도 잘 해 주더니 나이 들어선 눈도 마주치지 않아 힘들어하진 않았을까요? 잘나보이던 그 왕자님이 왕위를 물려받지 못해 쫓겨다니다 어느 골짜기에서 초라하게 죽지는 않았을까요? 좋다고 할 땐 언제고 이젠 꼴도 보기 싫다며 내쫓지는 않았을까요? 이야기는 끝나지 않았습니다. 그렇게 온갖 일을 겪은 뒤에도 '행복하게 살았다'고 할 수 있을까요?

행복하게 산다는 것, 결코 쉬운 일이 아닙니다. 고난의 강을 건너 피안의 언덕으로 오른다는 것, 경솔히 생각해선 안 됩니다. 정신이 번쩍 들게 하는 깨우침, 무거운 짐을 내려놓은 듯한 편안함, 환희가 넘치는 행복한 느낌, 그건 한 알의 사과와 같습니다. 긴 산행에서 탑탑한 목을 한순간에 가셔 주는 상큼한 사과 한 알입니다. 우리는 알아야 합니다. 사과 한 알 먹었다고 두 번 다시 목마르지 않는 것이 아닙니다. 인생은 사과 한 알 먹고 끝날 짧은 여정이 아닙니다. 더구나 그 사과가 남의 주머니에서 나온 사과이거나 남의 과수원에서 훔친 사과라면 빨리 정신차려야 합니다.

보살의 바라밀, 그건 남의 사과를 날름날름 받아먹는 것이 아닙니다. 보살의 바라밀, 그건 이른 봄에 장에 나가 뿌리가 실한 놈으로 묘목을 고르고, 질펀하게 거름을 주고, 한여름 뙤약볕에 김을 매고, 그 해 가을에 열매가 맺지 않으면 다시 봄을 기약하고, 가지를 치고, 다시 거름을 주고…….

보살의 바라밀, 그건 행복을 가꾸는 사람들의 Never ending story입니다. 보살의 바라밀, 그건 모두의 행복을 꿈꾸며 보시 · 지계 · 인욕 · 정진 · 선정 · 지혜를 끝없이 갈고 닦고 실천하는 것입니다. 우직한 농부처럼 끝없이 선근공덕을 쌓아가는 것입니다.

2장
보시

01

베풂, 지극히 당연한 것

　행복해지는 첫 번째 비결은 보시布施, dāna입니다. 내가 마주하고 있는 모든 존재가 나와 더불어 조금도 다르지 않다는 것을 자각하고, 맑고 깨끗한 마음을 일으켜 그들이 필요로 하는 것들을 적절히 베풀 줄 아는 것, 그것을 보시라 합니다.

　사람은 혼자 살 수 없습니다. 연기법에서 말씀하셨듯이 모든 것은 마치 그물망처럼 정교하고 미세한 인연의 고리들로 연결되어 있습니다. 홀로 아름다운 꽃을 상상할 수 있을까요? 아무리 아름다운 꽃도 꺾어서 물이 없는 화병에 꽂아 두면 한나절이 지나지 않아 시들고 맙니다. 들판에 핀 한 송이 꽃이 아름다울 수 있는 까닭은 드넓은 대지의 넉넉한 품과 허리를 감아 도는 잔잔한 시냇물과 산자락에서 불어오는 시원한 바람이 있기 때문입니다. 사람도 마찬가지입니다. 홀로 행복할 수 있을까요? 설령 그럴 수 있다 해도 그런 행복은 화병의 꽃처럼 쉽게 시들어 버립니다.

뿌리를 박은 대지와 때맞춰 내려준 단비와 매일같이 보듬은 햇살과 보이지 않게 속살이 되어 준 공기의 은혜를 모른다면, 그것을 어리석음[無明]이라 합니다. 자태를 뽐내며 이건 '나만의 빛깔' '나만의 향기'라고 떠들고 향기를 쫓아 날아온 벌에게 "내 꿀을 훔쳐가는 도둑놈아"라고 소리친다면, 그것을 아집我執이라 합니다. 한 줌 향기조차 나눌 줄 모르는 꽃, 한 방울 꿀조차 나눌 줄 모르는 꽃, 그 꽃은 죽은 꽃입니다. 지금의 '나'와 '나의 것'이 한때 '남'과 '남의 것'이었음을 안다면 지금의 '나'와 '나의 것'을 때가 되었을 때 '남'과

'남의 것'으로 되돌려줄 줄 알아야 합니다. 돌려주지 않으려고 갈퀴손을 하고 아무리 움켜쥐어도 사람이 빼앗지 않으면 세월이 빼앗아 버립니다. 그건 정해진 자연의 이치입니다.

얼마 전 타계하신 아동문학가 권정생 선생님은 10억이 넘는 당신의 인세를 모두 어린이를 위해 써달라고 유언장을 남겼다고 합니다. 당신이 쓴 책은 어린이들이 사서 읽었으니 거기서 나오는 인세를 어린이에게 돌려주어야 마땅하다고 했답니다. 가질 만큼 가져보고 쓸 만큼 써본 사람이 그랬다면 크게 놀랄 일도 아닙니다. 하지만 그분은 안동시 일직면 조탑동의 작은 마을 교회 문간방에 살면서 '종지기'를 한 것이 평생 가져본 직업의 전부랍니다. 평생을 쓰다 남기고 간 '그의 물건'이라 해봐야 담장도 없는 흙집에 낡은 책상 하나, 그리고 몇 개의 돋보기 정도랍니다. 세상에서 빌리면서 감사할 줄 알고, 빌려 쓰고는 돌려주며 감사할 줄 아는 것, 그 단순함과 당연함이 소유욕 가

득한 지금의 우리에겐 여간 낯설고 놀라운 일이 아닐
수 없습니다.

베푼다는 것, 돌려준다는 것, 그것은 당연한 일입니
다. 보다 넓은 안목에서 이런 사실들을 살펴 '어느
곳'에 돌려주어야 할지 '어느 때'에 돌려주어야 할지
'얼마만큼' 돌려주어야 할지를 아는 사람, 그를 보살
이라 부르고 현자賢者라 부릅니다.

02

누구나 기억을 더듬어 보면 얼굴만 보아도 이름만 들어도 생각만 해도 마음이 흐뭇해지고 맺힌 응어리가 풀어지는 사람이 하나쯤은 있습니다. 그런 분이 관세음보살입니다.

무엇을 베풀 것인가?

베풂의 의미

《육도집경》에서 말하였습니다.

"보시바라밀이란 어떤 것인가? 사람들을 사랑으로 돌보고, 잘못된 견해를 가진 사람들을 올바르게 가르쳐 잘못된 견해에서 벗어나게 하며, 뭇 생명들을 보호하고 구제하는 것입니다. 하늘을 넘고 땅을 넘어 하해와 같이 널리 뭇 생명들에게 베푸는 것입니다. 굶주린 자에게는 음식을 주고, 목마른 자에게는 마실 것을 주고, 추위에 떠는 자에게는 옷을 주고, 뜨거운 고뇌에

89

빠져 있는 자에게는 서늘한 안락을 주고, 병든 자에게는 약을 주고, 진귀한 보물이나 처자와 국토까지도 꼭 구하는 자가 있으면 아낌없이 베푸는 것입니다. 부모가 자식을 돌보듯 하는 것입니다."

무엇을 베푸는가에 따라 보시는 재시財施 · 법시法施 · 무외시無畏施의 세 가지로 분류합니다.

재시와 법시

재시란 의식주에 필요한 물품, 그런 물품들과 교환 가능한 돈과 보석 등을 베푸는 것입니다.

나에겐 아름답게 기억되는 보시의 풍경이 있습니다. 아마 초등학교 2, 3학년 무렵이었을 겁니다. 그때만 해도 구걸하는 사람들이 간간이 보이던 시절이었습니다. 매일 아침 식구들이 둘러앉아 아침식사를 마칠 때쯤이면 꼭 찾아오는 손님이 있었습니다. 50대쯤 되어 보이는 아주머니였습니다. 낡은 옷이긴 하지만 머리매무새며 걸음걸이가 조심스러운 분이었습니다.

그의 손엔 바가지가 들려있었고, 부끄러워 고개도 들지 못했습니다. 대문간에서 쭈뼛거리는 모습을 보고 어머니는 남은 밥을 퍼 아주머니의 바가지에 조심스럽게 담아 주었습니다. 한 마디 말도 못한 채 고개를 숙이는 아주머니에게 어머니는 환한 웃음을 보이며 허리를 숙이고 함께 인사하셨습니다.

"안녕히 가셔요. 또 오셔요."

조신해 보이는 아주머니가 어쩌다 바가지를 들고 남의 문간에 서게 되었는지 그 사정까지야 알 수 없습니다. 아주머니의 방문은 다음날도 이어졌고, 어머니는 어제처럼 정중히 인사하며 그분을 맞이하고 보내셨습니다. 아주머니의 방문은 매일같이 이어졌습니다. 한참이 지난 후에야 그 아주머니가 훨씬 이른 시각부터 찾아와 가족들의 식사가 끝나기를 기다린다는 걸 알았습니다. 같이 식사하자고 몇 번이나 권했지만 아주머니는 한사코 거절했습니다.

그날 이후 어머니는 작은 소반에 반찬 몇 가지였지

만 아주머니를 위해 아침밥상을 따로 차렸습니다. 아침을 먹고 마당으로 나오면 늘 그릇과 수저를 깨끗이 씻어놓고 아주머니가 사라진 뒤였습니다. 목소리가 기억나지 않는 그 아주머니는 보이지 않는 우리 식구였습니다. 그렇게 몇 달이 지난 후였습니다. 매일같이 찾아오던 아주머니가 때가 지나도 오지 않았습니다. 온 가족이 궁금해하며 대문 밖에서 한참을 기다렸지만 그날 이후 아주머니는 찾아오지 않았습니다. 하지만 아침마다 따로 밥을 한 그릇 담아 두던 어머니의 버릇은 그 후로도 오래 이어졌습니다.

우리 집 살림은 넉넉지 않았습니다. 곤궁했다고 말하는 편이 더 적당할 것입니다. 그런 형편에 한 그릇 밥을 따로 담아 둔 어머니가 어린 맘에도 얼마나 자랑스러웠는지 모릅니다. 많이 가져야 베풀 수 있는 것은 아닙니다. 많이 가진 사람이라야 베풀 수 있는 것도 아닙니다. 또 무언가를 필요로 하는 사람이 꼭 많은 것을 요구하는 것도 아닙니다. 밥 한 그릇 물 한 그릇이라도 꼭 필요로 하는 곳에 베풀 줄 아는 사람, 그가 보살입니다.

법시란 부처님의 가르침을 전해 주는 것입니다. 어디로 가야 할지, 무엇을 해야 할지, 어떻게 해야 할지 몰라 헤매는 사람이 있을 때, 성현의 말씀과 자신의 경험을 바탕으로 최선을 다해 그에게 올바른 해결방법을 일러주는 것입니다.

현대는 정보화 사회입니다. 인터넷 검색창을 두드려 보면 웬만한 문제는 손쉽게 해결할 수 있습니다. 인터넷이라는 매체를 통해 서로에게 유익한 정보와 지식과 경험들을 무상으로 제공하고 공유하는 사람들, 나는 그들을 법시를 베푸는 보살이라 생각합니다. 물론 유의할 점도 많습니다. 제공하는 정보와 지식이 검증되지 않은 엉터리거나 유해한 경우 그건 진리[法]를 베푸는 것이라 할 수 없습니다. 또 진심이 담겨있지 않다면 아무리 정보와 지식이 넘쳐도 그건 메마른 지식[乾慧]일 뿐입니다. 물론 애정과 관심이 듬뿍 담긴 표정과 음성으로 얼굴을 마주하고 일러준다면 더없이 좋은 일일 것입니다.

무외시, 두려움 없어라

무외시란 공포심을 제거해 주는 것입니다. 절망과 슬픔, 공포와 두려움에 사로잡힌 이들에게 다가가 따뜻한 말로 위로하고 포근한 미소로 격려해 그들을 안심시키는 것입니다. 나아가 상대방을 불편하게 하지 않는 것까지도 보시라 할 수 있습니다.

대학 시절 이야기입니다. 그땐 군부독재 타도를 외치며 강의실보다 거리에 학생들이 더 많았습니다. 5층 건물이 최고층이던 소도시에서 자란 탓에 서울이란 도시 자체가 낯설던 시절이었습니다. 그런 나에게 화염병과 쇠파이프가 난무하고 자욱한 최루탄 속 전경과의 백병전은 공포 그 자체였습니다.

부처님 가르침을 배워보겠노라고 극락이라도 가듯

찾아온 서울에서 나는 지옥을 만났습니다. 혼란스러 웠습니다. 모든 것이 뒤엉켜 버렸습니다. 무엇이 옳고 그른지, 어떻게 해야 하는 것인지 도저히 갈피를 잡을 수 없었습니다. 이렇게도 해 보고 저렇게도 해 보았지 만 속내는 이러지도 저러지도 못하고 있었습니다. 공 포에 질린 자신을 비웃기라도 하듯 고슴도치처럼 날 을 세우고, 대낮부터 술에 취해 학교 광장 잔디밭에 드러눕기 일쑤였습니다. 그날도 그렇게 잔디밭에서 늘어지게 자고 있을 때였습니다.

"학생, 그만 일어나요."

누군가 어깨를 두드렸습니다. 눈을 떠보니 캄캄한 밤이었습니다. 넓은 캠퍼스에는 아무도 보이지 않았 습니다. 함께 술을 마시고 노래하던 친구들도 없었습 니다. 다들 집으로 돌아간 것입니다.

"학생, 이제 집으로 가야지요."

눈을 비비고 보니 청소하는 할머니였습니다. 자그 마한 체구에 얼마나 부지런한지 화장실에서, 복도에서, 광장에서, 식당에서, 하루에도 몇 번씩 그 할머니와 부딪히곤 했습니다. 그 할머니 손엔 늘 빗자루나 밀대가 쥐여져 있었습니다. 주섬주섬 가방을 챙겨 일어서고도 할머니는 몇 번이나 더 등을 토닥여 주셨습니다. 고향에 계신 어머니를 뵙는 듯해 부끄러웠습니다. 전혀 타박하지 않고 따스한 미소로 대해 주던 그 할머니를 지금도 잊지 못합니다.

그 일이 있은 후 학교 곳곳에서 할머니를 스칠 때마다 부드러워지고 푸근해지는 나 자신을 느낄 수 있었고, 스스로를 내팽개치는 버릇도 조금씩 줄어들었습니다. 할 수 있는 일부터 우선 하자며 마음을 다잡을 수 있었습니다.

10여 년의 세월이 흐르고 모교의 역경원이란 곳에서 잠시 일을 하게 되었습니다. 첫 출근을 하던 날, 점심을 먹고 학교 안에 마련된 법당인 정각원으로 참배를 갔을 때였습니다. 법당으로 들어서려다 깜짝 놀라 걸음을 멈추고 물러섰습니다. 반질반질한 마룻바닥에 무릎을 꿇은 한 할머니가 다소곳한 모습으로 합장하고 있었습니다. 청소 할머니였습니다. 흰머리가 소복해진 할머니 곁엔 여전히 걸레가 놓여 있었습니다. 나는 문 밖에 서서 부처님과 할머니께 머리 숙여 예배하고 살금살금 뒷걸음질 쳤습니다. 감히 할머니의 조용한 기도를 방해하고 싶지 않았습니다.

《화엄경》〈입법계품〉에서 관세음보살이 선재동자에게 말씀하셨습니다.

"나는 모든 중생들을 거두겠다는 원을 세웠습니다. 그들이 험난한 길을 헤매며 번뇌의 공포, 어리석음의 공포, 얽매이는 공포, 살해를 당하는 공포, 가난의 공포, 투쟁의 공포, 죽음의 공포, 나쁜 곳에 떨어지는 공포, 사랑하고 미워하는 공포에 휩싸일 때 내가 그들을 구원할 것입니다. 나를 생각하거나 나의 이름을 외우거나 나의 몸을 보는 중생들로 하여금 모두 공포에서 벗어나게 할 것입니다."

누구나 기억을 더듬어 보면 얼굴만 보아도 이름만

97

들어도 생각만 해도 마음이 흐뭇해지고 맺힌 응어리
가 풀어지는 사람이 하나쯤은 있습니다. 그런 분이 관
세음보살입니다. 청소 할머니, 나는 그분을 관세음보
살이라 생각합니다.

03

상전이 하인 대하듯 눈을 내리깔고 던지는 물건은 받는 사람도 고마워하지 않습니다. 그런 건 자기 과시지 보시가 아닙니다.

어떻게 베풀 것인가?

　때로는 무엇을 베푸는가보다 어떻게 베푸는가가 더 중요할 때가 있습니다. 보살은 뭇 생명을 친자식처럼 돌보겠다고 서원을 세운 자들입니다. 자식을 돌보는 부모는 조건을 붙이지 않습니다. 아기에게 젖을 먹이며 "너 이놈, 커서 나에게 무엇으로 보상할 거야?"라고 말하는 어머니는 이 땅에 없습니다. 병들어 앓기라도 하면 살이라도 베어 먹이고 싶은 게 부모의 마음입니다. 거기에 무슨 조건이 있겠습니까? 만약 조건을 붙인다면 그건 보시가 아니라 거래입니다.

"당신이 이만큼 주었으니 나도 이만큼 갚아 드립니다. 내가 이만큼 주니 당신도 거기에 합당한 무언가를 나에게 갚아야 합니다."

이렇게 생각하거나 말하며 무언가를 주고받았다면 그건 보시가 아닙니다. 보시는 보상을 바라지 않습니다. 굳이 바라는 것이 있다면 그가 편안해하고, 안심하고, 한번 환하게 웃어 주길 바라는 정도일 것입니다. 보시할 때는 마음자세뿐 아니라 외형적 자세도 중요합니다.

상전이 하인 대하듯 눈을 내리깔고 던지는 물건은 받는 사람도 고마워하지 않습니다. 그런 건 자기 과시지 보시가 아닙니다.

TV 속에서 본 남방스님들의 탁발장면은 참 감동적입니다. 줄지은 스님들이 가볍게 고개를 숙이고 밥그릇을 내밀면 신자들은 무릎을 꿇고 그 그릇에 음식을 넣어줍니다. 물론 합장하는 것도 잊지 않습니다. 내가 그에게 베푼다고 내가 그보다 잘난 것은 아닙니다. 그가 나에게서 받는다고 그가 나보다 못한 것도 아닙니다. 길고 긴 영겁의 시간 속에서 그에게 잠시 부족한 것을 지금 내가 가지고 있을 뿐이고, 길고 긴 영겁의 시간 속에서 언젠가 그에게 받았던 것을 지금 내가 돌려줄 뿐입니다. 올바르게 베풀 줄 아는 보살은 먼저 고개를 숙입니다.

항상 다른 사람을 가볍게 여기지 않고 예배하는 상불경보살常不輕菩薩 이야기가 《법화경》에 나옵니다. 모든 중생이 본래 존엄한 부처님과 더불어 한 치의 차이도 없다는 것을 깨달은 그는 모든 사람을 부처님으로 존경합니다. 가족은 물론 거리를 지나다 만나는 사람에게도, 도둑이나 강도에게도 공손히 합장 예배하고 이렇게 말합니다.

"나는 당신을 존경합니다. 당신은 미래에 반드시 부처님이 되실 겁니다. 나는 당신을 존경합니다."

이는 경전 속 이야기에 그치지 않습니다. 실제로 평생 그렇게 살다간 분이 중국에 계셨습니다. 수나라 때

활동했던 신행선사信行禪師는 만나는 모든 사람에게 합장 예배하고 정성을 다해 공경한 분이었습니다. 거리에서 부딪히는 모든 이들이 미래에 부처님이 될 존엄한 존재임을 믿어 의심치 않았습니다.

신행선사는 미래의 부처님인 그들의 굶주림을 해결하기 위해 평생을 바쳤습니다. 자기 집 재산을 몽땅 그들에게 바치고, 돈이 떨어지자 직접 노역을 해 그 돈으로 가난한 이들에게 음식을 바치고, 온갖 욕설을 들어가며 부잣집에서 동냥을 해 헐벗은 이들에게 옷을 바치고, 애건 어른이건 거지건 병든 노인이건 거리에서 만나는 모든 이들에게 머리를 숙이고 공경하였습니다. 그런 그를 온 나라 사람들이 성인으로 공경하였지만 신행선사는 자신을 떠받드는 백성들 앞에서 한 번도 움츠린 목을 펴지 않았습니다.

상불경보살처럼, 신행선사처럼, 그렇게 보시하지는 못하더라도 적어도 눈높이를 맞춰야 하지는 않을까요?

육바라밀

04

보시를 할 때는 자기 분수를 알아야 합니다. 분수에 넘치게
베풀면 반드시 베푼 것에 대한 미련이 남게 됩니다.

얼마큼 베풀 것인가?

대승경전을 읽다 보면 재산은 물론 처자식과 자기
생명까지 몽땅 원하는 자들에게 베푸는 보살들 이야
기가 즐비합니다. 그들의 끝없는 자비심과 희생심을
배워야하는 것은 물론입니다. 하지만 한 가지 반드시
돌아보아야 할 것이 있습니다. 경전 속 보살들은 그렇
게 베풀고도 섭섭해하거나 원망하는 마음이 조금도
없었다는 사실입니다. 만일 나에게 그들과 같은 끝없
는 자비심이 없다면 영웅들의 행동을 섣불리 흉내내
서는 안 됩니다.

스님들이 사용하는 발우를 응량기應量器라 합니다. 적절한 크기의 그릇이란 뜻입니다. 적절한 크기란 무엇인가? 그 정도 크기에 담긴 음식이면 하루를 충분히 지탱할 수 있다는 것입니다. 율장에서 자주 읽게 되는 구절이 있습니다.

"보시를 하는 사람도 보시를 받는 사람도 양量을 알아야 한다."

부처님께서 웨살리에 계실 때였습니다. 그 도시에 수라首羅라는 코끼리 조련사가 있었습니다. 그는 재물이 풍족하고 토지와 거느린 가족 또한 많은 사람이었습니다. 부처님의 법문을 듣고 환희심이 넘친 수라는 스님들에게 보시하기를 좋아하였습니다. 그는 찾아오는 스님들에게 거절하는 법 없이 원하는 것이면 모두 베풀었습니다. 많은 봉급을 몽땅 스님들에게 보시하고 그것도 모자라 재물과 토지까지 팔아 보시하였습니다. 오래지 않아 정작 자신과 처자식은 굶주리고 헐벗는 지경이 되었습니다. 가족들의 원망과 마을 사람들의 비난이 빗발쳤습니다. 이를 안 부처님께서 비구들을 모으고 엄하게 꾸짖으셨습니다.

"어찌 명색이 비구가 적절한 때를 모르고 적절한 양을 모른단 말인가. 베푸는 사람이 양을 모르면 받는 사람이라도 양을 알아야 하지 않겠는가? 보시하느라 처자식을 굶주리게 했다는 것이 말이 되는가."

부처님은 제자들에게 코끼리 조련사 수라의 집에서 걸식하지 못하도록 엄명을 내렸습니다. 또한 수라에게도 집안을 잘 경영하는 법을 배우기 전에는 보시를 거절하겠다고 통보하셨습니다. 분수에 넘치는 보시는 하는 사람도 받는 사람도 탈이 납니다. 보시를 할 때는 자기 분수를 알아야 합니다. 분수에 넘치게 베풀면 반드시 베푼 것에 대한 미련이 남게 됩니다.

'내가 당신에게 이만큼이나 주었는데…….'

미련이 남는 보시는 은연중 보상을 바라게 됩니다.

'당신도 나에게 뭔가 해 주겠지…….'

이런 생각이 티끌만큼이라도 든다면 분수에 넘치게

베푼 것입니다. 누군가의 환심을 사기 위해, 누군가에게 은근히 기대하는 바가 있어서 과한 호의를 베푸는 것, 우리는 그것을 뇌물이라 합니다. TV 속에 자주 등장하는 뇌물 수뢰 사건들에서 알 수 있듯이 소기의 목적이 달성되지 않으면 뇌물을 준 사람은 꼭 불만을 터트립니다. 이런 베풂은 진정한 보시라 할 수 없습니다.

보시는 나무가 잘 자라도록 밑거름을 주는 것과 같습니다. 거름도 마구잡이로 주는 것이 아닙니다. 폴폴 잘 썩어 군내가 나지 않는 거름이라야 하며, 그것도 적절한 시기와 적절한 양을 알아야 합니다. 밑거름은 언 땅이 풀리고 새싹이 돋기 전에 밭에 내는 것이 좋습니다. 시기를 놓쳐 잎과 꽃이 한창일 때 내면 열매는 맺지 않고 가지만 웃자라기 십상입니다. 그 양도 적당해야 합니다. 뿌리가 약한 어린 나무에 거름만 많으면 시들시들 말라 버립니다.

보시, 이웃과 더불어 행복을 일궈가는 첫걸음입니다. 하지만 그 좋은 보시로 인해 또 다른 누군가가 피

눈물을 흘린다면 그건 행복의 밑거름이 아닙니다. 보시, 누군가의 미소와 기쁨을 볼 수 있는 제일 좋은 방법입니다. 하지만 그 좋은 보시가 감춰진 원망의 싹이 된다면 그건 행복의 밑거름이 아닙니다.

'내가 너를 위해 이렇게 희생한다'라는 생각이 들면 차라리 베풀지 말아야 합니다. '어려움을 감수하고 당신에게 주는 겁니다'라는 눈빛을 보이거든 차라리 받지 말아야 합니다. 선물을 해야 합니다. 그의 손에 건네주어서 기쁘고, 받고 좋아하는 그의 얼굴을 봐서 또 기쁘고, 돌아서면 싹 잊어버릴 그런 선물을 해야 합니다.

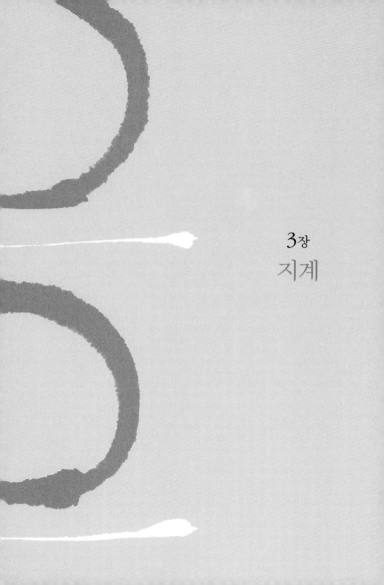

3장

지계

01

계율을 지킨다는 것, 너무 거룩하게도 생각할 것도 아닙니다. 남들에게 손가락질 받지 않는 것이 계율을 잘 지키는 것입니다.

비난받을 행동은 하지 말자

계율을 지킨다는 것

행복해지는 두 번째 비결은 지계持戒, Sīla입니다. 지계는 계율을 지킨다는 뜻입니다. 계율이란 잘못되는 것을 막고 악을 그치며 훌륭한 소양들을 키우기 위해 불제자들이 지키는 법규와 행동강령을 말합니다. 그러면 그 법규와 행동강령에는 어떤 것들이 있는가?

불제자는 흔히 4부대중이라 하여 출가한 남자 수행자인 비구, 출가한 여자 수행자인 비구니, 재가의 남자 신도인 우바새, 재가의 여자 신도인 우바이로 분류

111

합니다. 그들 각각에게는 다른 계율이 적용됩니다. 부처님의 제자로서 비구는 250계, 비구니는 348계, 우바새와 우바이는 5계를 지킬 것이 요구됩니다.

교단의 계율에서 가장 중죄를 '바라이'라 합니다. 바라이죄를 범한 자는 출가수행자로서의 자격을 박탈하고 승단에서 추방하였습니다. 그 죄에 해당하는 조항은 살인·도둑질·거짓말·음행입니다. 우바새와 우바이에게 금지된 다섯 조항은 살인·도둑질·거짓말·삿된 음행·음주입니다. 이는 출가수행자가 절대로 범해서는 안 될 네 가지 조항에서 정당한 관계의 성행위가 허용되고, 금주가 첨가된 것입니다.

또 대승의 대표적 계율로 삼취정계三聚淨戒라는 것이 있습니다. 이는 특별히 계목이 정해져 있는 것이 아니라 계율의 목적과 근본 취지를 밝힌 것입니다. 세 가지란 곧 섭률의계攝律儀戒·섭선법계攝善法戒·섭중생계攝衆生戒인데 대승·소승의 온갖 계법이 다 이 가운데 포섭되므로 섭攝이라 하고, 그 계법이 본래 청정하므로

정淨이라 합니다.

《육도집경》에서는 말하였습니다.

"지계바라밀이란 어떤 것인가? 미친놈처럼 어리석고 흉악하여 생명 죽이기를 좋아하고, 탐욕으로 남의 것을 도둑질하고, 더러운 음행을 하고, 이간질하고, 사나운 말을 하고, 속이고, 아첨하고, 질투하고, 성내고, 어리석은 마음으로 부모를 불안하게 하고, 성인을 욕보이고, 부처님을 비방하고, 어진 사람을 괴롭히는 이와 같은 악행을 저지르지 않는 것입니다. 자신의 살을 베어 포를 뜨고 젓을 담가서 시장에 내다 팔지언정 결코 행하지 않는 것입니다. 이렇게 삼보를 믿으며 부모·스승·국왕·시주의 네 가지 은혜에 보답하는 마음으로 널리 중생을 구제하는 것입니다."

사회 법률에 위배되는 종교 법률은 없습니다. 사회에서 규제하는 조항은 종교에서도 모두 규제하고 있습니다. 사회법규를 철저히 수용하고 거기에 종교적 이상을 실현하기 위해 더욱 엄격한 행동규제를 하고 있습니다. 특히 행동보다도 마음의 자세와 의도를 더욱 중시하는 불교에서는 그 법규의 해석에 있어 사회법보다 엄격합니다.

한때 살불살조殺佛殺祖가 조사의 가풍이라며 위아래도 몰라보고 오만하게 행동하고, 음주가무飮酒歌舞가 무방반야無妨般若라며 게으름과 나태함을 방만한 행동으로 위장한 적이 있습니다. 종교의 세계는 선과 악, 시와 비를 뛰어넘는 것이라며 입가에 악마의 피가 묻은 줄도 모르고 함부로 떠든 적이 있습니다. 굶주림과 추위, 전쟁의 공포 속에서 절규하는 민중들에게 잠시 쉬어갈 그루터기라도 되려고 시골 장터 광대 노릇도 마다않은 원효대사의 비원은 잊은 채 아름다운 요석공주와의 하룻밤 사랑을 부러워한 적이 있습니다. 평생을 두고 크게 참회할 일입니다.

상식과 도덕과 법률은 하루아침에 만들어진 것이 아닙니다. 오랜 인류의 경험이 축적된 합리적 공존의 질서입니다. 종교인은 거기에서 한발 더 나아가 보다 평화로운 질서들을 새롭게 구축하려고 최선을 다해 노력하는 자들입니다. 그런 종교인들이 세상사람 다 지키는 사회 법규조차 지키지 않는다는 게 말이나 되는 소리입니까?

혹 이런 사람이 있다면 얼토당토않은 궤변으로 핏대 세울 일이 아니라 옆에서 혀를 차며 손가락질한다는 걸 빨리 알아차려야 합니다. 그건 무애자재無碍自在가 아니라 상식도 모르는 철없는 짓입니다. 그런 짓은 스스로를 행복하게 하는 행동도 아니고, 누군가를 행복하게 만드는 행동도 아닙니다. 자신을 파멸로 이끌고 이웃도 파멸로 이끄는 행동입니다.

절제된 삶의 중요성

《숫타니파타》에 이런 부처님 말씀이 있습니다.

"번영하는 사람도 알아보기 쉽고, 파멸하는 사람도 알아보기 쉽습니다. 참된 이치를 사랑하는 사람은 번영하고 참된 이치를 싫어하는 사람은 파멸합니다.

착하지 않은 사람들을 사랑하고 착한 사람들을 사랑하지 않으며 나쁜 사람이나 하는 짓을 즐기는 것, 이것이야말로 파멸의 문입니다.

잠꾸러기에 여럿이 어울리는 것을 좋아하고 애써 노력하는 일 없이 나태하며 곧잘 화를 내는 것, 이것이야말로 파멸의 문입니다.

자기는 풍족하게 살면서 늙고 쇠약한 부모를 돌보지 않는 것, 이것이야말로 파멸의 문입니다.

바라문과 수행자 혹은 걸식하는 이들을 거짓말로 속이는 것, 이것이야말로 파멸의 문입니다.

엄청난 재물과 황금과 먹을 것을 가진 사람이 맛있는 음식을 혼자서 먹는 것, 이것이야말로 파멸의 문입니다.

혈통을 자부하고 재산을 자랑하고 가문을 뽐내면서 자기 친지를 멸시하는 사람, 이것이야말로 파멸의 문입니다.

여자에게 미치고 술에 중독되고 도박에 빠져 버는

족족 없애 버리는 사람, 이것이야말로 파멸의 문입니다.

자기 아내로 만족하지 않고 매춘부와 놀아나며 남의 아내와 어울리는 것, 이것이야말로 파멸의 문입니다.

청춘을 넘긴 남자가 띰바루^{timbaru} 열매 같은 가슴의 젊은 여인을 유혹하고 또 그녀에 대한 질투로 밤잠을 설치는 것, 이것이야말로 파멸의 문입니다.

술에 취하고 재물을 낭비하는 그런 여자나 남자에게 실권을 맡기는 것, 이것이야말로 파멸의 문입니다.

왕족의 집안에 태어난 자가 권세는 적으면서 욕심이 지나치게 커 이 세상에서 왕위를 얻고자 하는 것, 이것이야말로 파멸의 문입니다."

스스로 절제하지 못하는 사람은 절대 지도자가 될 수 없습니다. 자신도 절제하지 못하는 사람의 말을 누가 믿고 따르겠습니까? 부처님의 제자라면 반드시 도덕적으로 바른 생활을 해야 합니다. 무엇이 잘못된 행동인지 우리는 대부분 잘 알고 있습니다. 모르고 잘못

을 저지르는 경우는 별로 없습니다. 어떤 행동이 비난
받을 만한 짓인지 우리는 대부분 잘 알고 있습니다.
그걸 몰라 비난받을 만한 짓을 하는 경우는 별로 없습
니다. 계율을 지킨다는 것, 너무 거룩하게도 생각할
것도 아닙니다. 남들에게 손가락질 받지 않는 것이 계
율을 잘 지키는 것입니다.

02

계율을 지킨다는 것, 좀더 적극적으로 생각하면 남들이 칭찬할 행동을 하는 것이 계율을 잘 지키는 것입니다.

칭찬받을 행동을 하자

모든 악을 짓지 말고
온갖 선을 받들어 행하며
스스로 그 마음을 깨끗이 하라
이것이 부처님들의 가르침이니라.

과거 일곱 부처님께서 한목소리로 일러주신 칠불통계七佛通戒입니다.

우리는 몸과 입과 생각으로 끝없이 행동하고 있습니다. 그 행위[業]들은 그에 상응한 결과를 이끄는 힘[業力]을 가지고 있습니다. 계율을 지킨다는 것, 그건 나쁜 결과를 초래하는 행위들 즉 악惡을 멈추고, 좋은 결과를 초래하는 행위들 즉 선善을 권장하는 것이다. 누군가는 물을 것입니다.

"과연 무엇이 선이고, 무엇이 악이란 말인가?"

물론 개인적 수행과정에서는 다각도의 철학적 고찰과 세밀한 관찰을 동반해 반드시 반성되어야 할 과제입니다. 하지만 윤리의 영역에서는 그런 것까지 고민할 필요가 없습니다. 선과 악, 옳고 그름 등은 사회 구성원들 간의 상호작용을 거쳐 이미 형성되어 있는 관념입니다. 즉 상식입니다.

"무엇이 좋은 것이고, 무엇이 나쁜 것인가?"

윤리의 영역에서는 초등학교 1학년 어린아이도 그 답을 알고 있습니다.

"빨간불일 때 도로를 건너는 것은 나쁜 것이고, 파란불일 때 도로를 건너는 것은 좋은 것이죠."

윤리의 영역에서는 상식을 따라야 합니다. 악은 무엇인가? 살인 · 도둑질 · 잘못된 성행위 · 거짓말 · 이간질 · 꾸밈말 · 욕설 · 탐욕 · 분노 · 어리석음을 10악이라 합니다. 선은 무엇인가? 그런 열 가지 행동을 몸과 입과 마음으로 짓지 않는 것을 10선이라 합니다.

계율을 지킨다는 것, 그것은 가지치기와 비슷합니다. 차가운 겨울이 가고 봄볕이 따스해지면 거짓말처럼 대지에서 온갖 생명체가 기지개를 켭니다. 지나가는 나그네, 한발 떨어져 바라보는 예술가, 모든 것을 회의하는 철학자, 분별을 넘어 초월을 지향하는 종교인에게야 어느 생명체인들 소중하지 않은 것이 있겠습니까?

하지만 농부에겐 그렇지 않습니다. 그의 눈엔 실한 묘목과 부실한 묘목이 엄연히 다르고, 열매를 맺을 수 있는 가지와 열매를 맺을 수 없는 가지가 엄연히 다르고, 상품성이 있는 열매와 상품성이 없는 열매가 엄연히 다릅니다. 농부는 싹수가 노란 묘목은 가차 없이 뽑아버리고, 열매를 맺을 수 없는 가지는 냉정하게 잘라버리고, 모양새가 제대로 나올 것 같지 않은 열매는

121

손톱만할 때 솎아버립니다.

갈말이라는 인근 동네 할아버지가 들려주신 말씀이 있습니다.

"나무 아끼는 사람은 가지 못 쳐!"

윤리의 영역에서는 선과 악이 엄정합니다. 비난받을 행동들을 그치고, 막고, 뽑아버린다면 그것이 곧 선을 키우는 것입니다. 시원찮은 것을 뽑아버리고, 잘라버리고, 솎아내면 나머지 나무의 나머지 가지에서 나머지 열매들은 굵고 실해질 것입니다. 거기에 더해 적절한 때 웃거름을 주고, 성장촉진제라도 발라준다면 그 열매는 더욱 실해질 것입니다.

대승에서는 악을 멈추는 것에 그치지 않고 훌륭한 소양들 즉 선을 쌓아가도록 권장합니다. 악에 반대되는 행동을 몸과 입과 생각으로 부지런히 실천하도록 권하는 것입니다. 무언가를 죽이지 말고 살려주고, 훔치지 말고 베풀어 주며, 성욕의 쾌감보다는 성욕을 금하는 생활을 즐기고, 거짓말을 하지 말고 항상 진실하게 말하며, 이간질하지 말고 화해시키며, 화려한 미사여구로 애매하게 둘러대지 말고 곧장 사실대로 간명하게 말하며, 험한 욕설을 삼가고 부드럽게 조용조용 말하며, 욕심 부리지 말고 욕심을 줄여 만족하며, 성내지 말고 참고 용서하며, 어리석지 말고 현명해지도록 노력하라고 권장합니다.

이렇게 생각하고 말하고 행동하는 것이 좋다는 것, 굳이 성현의 말씀이 아니라도 다들 알고 있습니다. 몰라서 착한 일을 하지 않는 것이 아닙니다. 알고도 실천할 마음이 없을 뿐입니다. 계율을 지킨다는 것, 좀 더 적극적으로 생각하면 남들이 칭찬할 행동을 하는 것이 계율을 잘 지키는 것입니다.

03

"묻지도 않았는데 다른 사람에게 자기의 계율과 도덕을 말하고 자신에 대해 자기 입으로 말하는 자가 있다면, 선한 사람들은 그를 가리켜 천박한 사람이라 말한다."

척하지 말자

성인을 사칭한 죄

부처님께서 제정하신 계율의 내용은 사회법규와 거의 일치합니다. 사회적 통념으로 보았을 때 '그러면 안 된다' 싶은 것은 부처님도 '그러지 말라'고 말씀하셨습니다. 그러나 개중에는 부처님 계율만의 특수성이 두드러진 조항들도 있습니다. 거짓말도 그 중 하나입니다.

《십송률》에 다음과 같은 이야기가 있습니다.

부처님이 웨살리에서 비구대중과 함께 안거를 보내

124
육바라밀

실 때 일입니다. 당시 웨살리에 큰 기근이 들어 많은 수의 비구들이 함께 걸식하기가 힘들었습니다. 그러자 부처님께서는 각자 인연 있는 곳으로 찾아가 안거하도록 비구들에게 명하셨습니다. 부처님과 일부 비구들은 웨살리에 남고 많은 비구들이 사방으로 흩어졌습니다.

그 해 안거가 끝난 후 사방에서 여름 우기를 보낸 비구들이 부처님을 뵙기 위해 웨살리로 모여들었습니다. 인근 지역도 사정은 마찬가지였는지 다들 초췌하고 야윈 모습이었습니다. 그런데 한 무리의 비구들만은 유난히 생기가 넘치고 살도 전혀 빠지지 않은 모습으로 찾아왔습니다. 그들은 꼬살라의 바구마^{婆求摩} 강변에서 안거한 비구들이었습니다. 웨살리에서 안거한 비구들이 궁금해서 물었습니다.

"안거하며 걸식에 어려움은 없었습니까?"

"별 어려움은 없었습니다."

"온 천지에 기근이 들어 저마다 처자식 먹일 음식도

모자라는 형편인데 어떻게 수월하게 걸식하셨습니까?"

여러 차례 다그쳐 묻자 바구마 강변에서 안거한 비구들이 작은 말로 속삭였습니다.

"저희는 양식이 넉넉한 부잣집들을 찾아가 이렇게 말했답니다. '여러분은 크고 좋은 이익을 얻게 되었습니다. 훌륭한 스님들이 여러분 마을에서 안거하고 계시기 때문입니다. 이곳에 찾아온 스님들 가운데 어느 분은 아라한이고, 어느 분은 아나함이고, 어느 분은 사다함이고, 어느 분은 수다원이십니다. 또 어느 분은 4선을 통달하고, 어느 분은 4무량심을 통달하고, 어느 분은 4무색정을 통달하고, 어느 분은 부정관을 통달하고, 어느 분은 수식관을 통달한 분입니다. 훌륭한 복전이 될 이런 분들이 여러분 마을에서 안거하고 계시니 어서 복을 쌓으십시오.' 이렇게 찬탄하며 몇 바퀴 돌았더니 오히려 음식과 물품이 넘칠 지경이었답니다."

웨살리 비구들이 놀라며 물었습니다.

"오, 여러분 가운데 그렇게 훌륭한 분들이 많으셨습니까?"

바구마 강변에서 안거한 비구들이 키득거렸습니다.

"사실은 없습니다."

이 사실은 곧 부처님 귀에 전해졌습니다. 부처님은 모든 대중을 소집하고 바구마 강변에서 안거한 비구들을 추궁하셨습니다.

"너희들이 그런 짓을 한 것이 사실인가?"

"사실입니다."

부처님은 엄하게 꾸짖으셨습니다.

"너희들이 저지른 짓은 사문의 법이 아니고, 출가인이 해서는 안 될 짓이다. 어리석은 사람들아, 내가 거짓말하지 말라고 당부하지 않았는가? 거짓말할 생각도 일으켜선 안 되는데, 그것도 음식을 얻기 위해 성인을 사칭했단 말인가? 이 세상에 큰 도둑이 셋이 있다. 첫째는 백·이백·삼백·사백·오백의 무리를 이끌고 성을 파괴하고, 마을을 약탈하고, 인가를 노략질하는 자들이다. 둘째는 비구라는 자가 승단의 재산인 정사에서 나무나 과일·열매·약재 등을 채취해 자신의 생계를 유지하는 데 쓰고 자신과 친분이 있는 재가자에게 주는 자이다. 셋째는 비구가 음식과 물품을 얻기 위해 성인의 과위를 성취하지 못했으면서 성인의 과위를 성취한 척 거짓말을 하는 자이다. 첫째 둘째 도둑은 그래도 작은 도둑이다. 세 번째 도둑은 천상의 세계, 인간의 세계, 마귀의 세계, 범천의 세계에서 가장 큰 도둑이다."

이어서 게송으로 말씀하셨습니다.

> 도를 얻지 못한 비구가
> 스스로 도를 얻었다고 말한다면
> 천상과 인간에서 가장 큰 도둑놈
> 파계한 사람 중 가장 악독하나니
> 어리석은 이런 사람 목숨 다하면
> 반드시 지옥에 떨어지리라.

부처님은 성인을 사칭해 밥을 얻어먹은 비구들에게 '바라이죄'를 적용하셨습니다. 바라이는 승단의 최고 형벌입니다. 바라이에 해당하는 자는 승려로서의 자격을 박탈하고 곧바로 승단에서 추방하였습니다. 사회에서도 고위관직을 사칭해 사기행각을 벌이는 일들이 종종 있습니다. 하지만 그들에게 법정 최고형을 적용하지는 않습니다.

　사회법과 비교해 볼 때 부처님께서 성인을 사칭한 거짓말을 유난히 엄중하게 다스리는 점은 특기할 만합니다. 그들을 강탈과 방화를 일삼으며 인가를 파괴하는 떼도둑보다 나쁘다고 강조한 점 또한 주목할 부분입니다. 보시하면 당신에게 무엇으로 보상하겠다고 약속한 것도 아니고, 또 성인을 사칭해 얻은 것이 생필품인 밥과 옷가지 정도라면 사회법에서는 그렇게까지 엄중하게 처벌하지는 않을 것입니다. "호의호식하려고 그런 것도 아니고 목숨을 부지하려다 보니 그리 되었습니다"라고 변명을 늘어놓으면 지금의 사회법에서는 "다음부터는 뻥치지 마시오" 하고 관대하게 넘어갈 수도 있을 것입니다. 하지만 부처님은 승단 안에서 살인과 강탈 못지않은 중죄로 규정하셨습니다. 도인을 사칭하고 성인을 사칭하는 것, 적어도 부처님 가르침 안에서는 용서받지 못할 죄입니다.

척하지 말고 진실하라

우리는 제품 자체의 성능과 우수성보다 15초의 광고 이미지가 더 많은 힘을 발휘하는 시대에 살고 있습니다. 광고는 실제 제품에 대한 기대치를 높이는 수단입니다. 그러니 실제 제품보다 훨씬 좋게 보이도록 포장하기 마련입니다.

현대인들은 서로를 무엇으로도 규정지을 수 없을 만큼 고귀한 존재로 바라보지 않습니다. 여지를 남겨두고 생각할 만큼 서로를 존중하지도 않습니다. 오직 관심은 나의 목적 달성에 그가 쓸모 있는가, 없는가하는 정도입니다. 그 판단에도 긴 시간을 할애하지 않습니다. 또 상대를 그렇게 판단하고 바라보듯 자기를 남에게 보이는 것에 있어서도 마찬가지입니다. 자기가 매우 유용한 존재임을 짧은 시간 안에 강렬하게 피력하려고 안달입니다. 그래서 다들 '~인 척' 합니다.

"뭔가 보여드리겠습니다!"

코미디언 뺨치는 익살스런 표정과 농담으로 좌중의 환심을 사는 건 그나마 봐줄만합니다. 광기에 가까운 눈빛을 희번덕거리고, 심장 약한 사람 경기할 만큼 고함을 치며, 자신을 슈퍼맨 형님쯤으로 착각하는 사람들을 볼 때는 정말 한숨이 절로 나옵니다. 침묵과 사색의 깊이를 무엇보다 소중히 생각해야 할 종교의 영역에서 이런 경박함이 주류를 이룬다는 것, 심각하게 반성해야 할 일입니다. 종교인은 자신을 광고해서는 안 됩니다. 더구나 부처님의 제자는 절대 그런 짓을 해서는 안 됩니다.

《숫타니파타》에서 말씀하셨습니다.

"묻지도 않았는데 다른 사람에게 자기의 계율과 도

덕을 말하고 자신에 대해 자기 입으로 말하는 자가 있다면, 선한 사람들은 그를 가리켜 천박한 사람이라 말한다."

하염없이 자기자랑을 늘어놓는 자가 있다면 그는 아직 성숙하지 못한 자입니다. 우리는 부처님의 제자입니다. 설령 사실이라 해도 그런 짓은 말아야 합니다. 하물며 거기에 갖가지 휘황찬란한 액세서리까지 더해 매우 '~한 척' 해서야 되겠습니까? 척하지 말고 진실한 마음가짐을 지키는 것, 이것이 지계입니다.

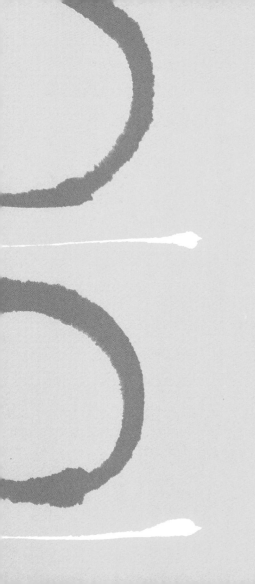

4장

인욕

01

인욕, 참 힘든 길입니다. 하지만 폭력과 원한의 불길을 끌 방법은 이것뿐입니다.

그래도 참자

행복해지는 세 번째 비결은 인욕忍辱, kṣānti입니다. 몸과 입과 생각으로 자행하는 일체의 폭력에 폭력으로 대항하지 않고 참아내는 것을 인욕이라 합니다. 폭력에는 구타 등의 신체적 폭력뿐만 아니라 비난·욕설·악담 등의 언어폭력, 위압과 무시 소위 왕따라 부르는 정신적 폭력 등이 있습니다.

우리는 살아가면서 갖가지 폭력을 목격하게 됩니다. 경쟁이 치열해지고 생명을 경시하는 풍조가 팽배하면서 폭력의 행태와 강도 또한 심해지고 있는 것이 사실입니다. 피와 눈물과 불행을 먹고사는 폭력은 인류가 극복해야 할 큰 과제입니다.

"평화를 사랑하고 폭력을 쓰지 맙시다."

모두가 쉽게 공감하고 크게 외치는 구호입니다. 하지만 자신이 직접 희생자가 되었을 때, 그 구호는 또 쉽게 묻혀버립니다.

"네가 그런다면 나도 가만 있지는 않겠다."

부당한 폭력의 희생자가 되고도 "그래도 나는 평화를 사랑하고 폭력을 지양한다"고 선언할 수 있는 사람은 많지 않습니다. 그러기는 참 힘듭니다. 지렁이도 밟으면 꿈틀하는 법입니다. 부당한 폭력 앞에서 참지 못하는 건 자기보호본능을 가진 생명체로서 어찌 보면 당연한 행동입니다. 하지만 우리는 알고 있습니다. 이 세상에 아름다운 결과를 가져온 전쟁은 없었습니다. 폭력은 또 다른 폭력을 불러오고, 원한은 원한으로 갚아지지 않는다는 것을 안다면 어려워도 참아야 합니다. 끝없이 이어지는 불행의 고리를 끊을 방법은 그것뿐임을 안다면 어려워도 참아야 합니다. 순간의 통쾌감이 아닌 영원한 행복을 원한다면 보복이라는 쉬운 길을 버리고, 인욕이라는 어려운 길을 선택해야 합니다. 그렇게 차가운 이성으로 분노를 잠재우고 나와 그가 모두 행복해질 방법을 모색하는 것, 이것이 보살의 길입니다.

《육도집경》에서 말하였습니다.

"인욕바라밀이란 어떤 것인가? 보살이 깊이 사유해 보니 중생들은 어리석어서 교만한 마음으로 스스로를 대단하게 생각하고 항상 남을 이기려고 듭니다. 벼슬이나 국토나 보기 좋은 것은 자기 혼자 차지하려고 합니다. 그들을 살펴보면 어리석음이 있고 탐욕과 질투가 있습니다. 마음속으로는 탐욕과 질투심을 일으키고, 밖으로는 원한과 분노를 일으키면서도 그것을 깨닫지 못해 그치지를 않습니다. 이렇게 미친 사람처럼 취한 사람처럼 어둠 속에서 살다가 지옥·아귀·축생의 세계를 돌아다니며 한량없는 괴로움을 받습니다.

보살은 이것을 보고 탄식합니다.

'중생이 나라를 망치고 가정을 파괴하고 자신을 위험에 빠트리고 민족을 멸망케 하고, 살아서는 이와 같은 재앙이 있고 죽어서는 삼악도의 괴로움이 있게 되는 것은 인욕하는 마음으로 자비를 행하지 못하기 때문이다.'

보살은 이를 깨닫고 스스로 서원합니다. '나는 화탕지옥의 괴로움과 소금에 절여지는 재앙을 당할지라도 결코 중생들에게 화를 내거나 독한 마음으로 가해하지 않겠다.' 무릇 참을 수 없는 것을 참는 것은 만복의 근원입니다. 이렇게 스스로 깨달은 후에 세상에 태어날 때마다 자비를 행하는 것입니다. 중생들이 자기를 욕하고, 때리고, 재물과 보배와 아내와 자식과 국토를 빼앗고, 몸을 위태롭게 하고, 목숨을 해쳐도 보살은 항상 모든 부처님의 인욕의 힘으로 복을 삼아 화를 내는 악독한 생각을 없애고, 자비로써 그들을 불쌍히 여겨 그들을 구제하고 보호합니다. 그리하여 그들이 잘

못에서 벗어나게 되면 그것을 보고 기뻐합니다."

인욕, 참 힘든 길입니다. 하지만 폭력과 원한의 불길을 끌 방법은 이것뿐입니다.

02

성인들이 가르친 행복은 비난과 칭찬에 흔들리지 않는 것입니다. 칭찬으로 건설되는 행복, 비방으로 파괴되는 행복, 그런 행복은 요란합니다.

진흙에 더럽혀지지 않는 연꽃처럼

"사내놈이 떡 하나 준다고 입 꼬리가 귀에 걸리고, 싫은 소리 한마디 들었다고 소금 친 미꾸라지처럼 지랄을 떨어서 되겠냐."

어릴 적부터 어머니에게 들어온 꾸중입니다. 하지만 아직도 다스리지 못한 병입니다. 성인들의 지혜는 고사하고, 사내 노릇도 못하고 사는 스스로가 부끄럽기 한량없습니다. 그러게 말입니다. '분노' 참 다스리기 어려운 것입니다. 부처님의 가르침을 배워오면서 욕심주머니는 조금씩이나마 가벼워지는 것을 느낍니다. 있지도 않은 '나'와 '나의 것'에 매달리고 있다는 자각 또한 조금씩이나마 선명해짐을 느낍니다. 하지만 뜻에 맞지 않는 빛깔과 소리 앞에서 울컥울컥 분노가 치밀고, 얼굴이 구겨지고, 준비라도 했던 것처럼 남에게 상처가 될 말과 행동이 스프링처럼 튀어나가는 버릇은 좀처럼 잦아들지 않습니다.

공들여 나무를 깎고 다듬어 10년 만에 지은 집도 작은 성냥불 하나면 하룻밤에 사라집니다. 분노는 자신을 파멸시키고, 남을 파멸시키는 무서운 재앙입니다. 받은 만큼 되갚아야 속 시원할 것 같아 분노를 터트리지만 그 첫 번째 희생자는 정작 '그'가 아니라 '나'입니다. 선사들의 어록에도 자주 등장하는 어구가 있습니다.

"피를 머금어 남에게 뿌리려면 내 입이 먼저 더러워진다."

화를 잘 내는 사람은 결코 행복할 수 없습니다. 화를 잘 내는 사람은 행복한 사람이 될 수 없습니다. 많은 이들의 공경을 받는 사람들 가운데도 사소한 일로 쉽게 분노하는 이들을 볼 수 있습니다. 스스로에게 칼날처럼 엄격한 것이야 누가 탓하겠습니까? 하지만 자기의 지침과 원칙이 누군가에게서 무시되었을 때 결벽증 환자처럼 투덜거리고 성질을 내고 물건을 던진다면, 그는 아직 성숙하지 못한 사람입니다. 화를 잘 내는 사람은 현자도, 선지식도, 성인도, 보살도, 부처님도 아닙니다.

　화를 내지 않아야 행복할 여지가 생깁니다. 진정 행복한 사람은 화를 내지 않습니다. 현자, 선지식, 성인, 보살, 부처님은 절대 화를 내지 않습니다. 침을 뱉고, 욕을 하고, 돌을 던져도 부처님은 날카로운 눈빛 한번 보인 일이 없습니다. 부처님은 "누군가 내 오른팔에 향을 바르고 찬양하더라도 나는 기뻐하지 않고, 누군가 내 왼팔을 칼로 내려치더라도 나는 화내지 않는다"고 말씀하셨습니다. 예수님도 "눈은 눈으로 이는 이로 갚으라 하였다는 것을 너희가 들었으나 나는 너희에게 이르노니 악한 자를 대적치 말라. 누구든지 오른쪽 뺨을 치거든 왼편도 돌려 대라"고 말씀하지 않았습니까.

성인들이 가르친 행복은 비난과 칭찬에 흔들리지 않는 것입니다. 칭찬으로 건설되는 행복, 비방으로 파괴되는 행복, 그런 행복은 요란합니다. 감정의 파고에 따라 한 번 울고 한 번 웃는 것, 그건 참다운 행복이 아닙니다. 끊임없이 일렁이는 포말 너머 깊은 바다 속과 같은 평온함, 그런 행복을 배워야 합니다. 그런 행복은 비방과 칭찬에 흔들리지 않습니다. 그 평온함을 보고, 알고, 성취한 자를 우리는 성자라 부릅니다.

《숫타니파타》에서 말씀하셨습니다.

　　홀로 살면서 방일하지 않는 성자
　　비난과 칭찬에 흔들리지 않나니
　　소리에 놀라지 않는 사자처럼
　　그물에 걸리지 않는 바람처럼
　　진흙에 더럽혀지지 않는 연꽃처럼
　　남에게 이끌리지 않고 남을 이끄는 자
　　현명한 이들은 그를 성자로 압니다.

143

03

도저히 풀리지 않을 것 같은 긴장과 대립도 한 마디 말에 거짓말처럼 사라지는 걸 종종 보게 됩니다.

익은 벼가 먼저 고개를 숙인다

나를 내세우는 폐해

"양말 좀 똑바로 벗어 놔!"

"또 시작이구먼."

"10년이 넘도록 그것 하나 똑바로 못해."

"거꾸로 벗었다고 빨래가 안 돼. 거꾸로 건 바로 건 세탁기에 넣으면 그만이지 그걸 가지고 10년이 넘도록 잔소리야."

작은 마찰로도 공동체의 평화는 산산이 부서집니다. 우리는 때때로 또 곳곳에서 함께 살아가는 사람들과 부딪치며 갖가지 긴장을 초래하고 소음을 일으킵니다. 그 밑바탕엔 '내 생각이 네 생각보다 옳고, 내 말이 네 말보다 조리 있고, 내 행동이 네 행동보다 정당하다'는 완고한 성향이 깔려있습니다. 이것을 집착이라 합니다.

〈찬제바라밀품〉에서 말씀하셨습니다.

"만일 인욕을 닦고자 한다면 먼저 교만한 마음·화내는 마음·어리석은 마음을 무너뜨려야 한다. '나다' '내 것이다' 그리고 '영원히 나와 내 것일 것이다'라고 생각해서는 안 된다. 만약 이렇게 관찰하고 사유하는 사람이 있다면, 마땅히 알라. 그가 인욕을 닦는 사람이며, 이와 같이 닦고 나면 마음에 기쁨을 얻으리라."

'내 생각' '내 주장' '내 행동양식'이 과연 언제부터 내 것이었을까요? 지금 내가 하고 있는 생각과 주장과 행동은 어머니 뱃속에서부터 있어온 것이 아닙니다. 분명 누군가에게서 듣고 보아 익혀온 것들입니다.

속된 말로 하자면 '남의 것' 도둑질 한 것입니다. 언제까지나 '내 생각' '내 주장' '내 행동양식'이라고 고수할 수 있을까요? '그렇다'고 자신 있게 대답할 만큼 현재의 나의 주장과 행동이 깊은 사유와 통찰의 산물일까요? 먼 훗날엔 지금의 나처럼 생각하고 말하고 행동하는 누군가를 비난하고 있을지도 모를 일입니다. 그러니 현재 익숙한 습관들을 가지고 '이것만이 옳다'고 핏대 세우지 말아야 합니다.

겸손의 미덕

어느 집단이건 마찰과 불화가 있기 마련입니다. 승가 공동체에서도 그런 일은 자주 있었습니다. 하지만 스승 못지않게 훌륭했던 부처님의 제자들은 인욕과 겸손의 미덕으로 아름다운 공동체를 가꿀 수 있었습니다. 부처님이 가장 아끼고 사랑했던 제자는 사리뿟따Sāriputta, 舍利弗입니다. 잘난 사람이 있으면 못난 사람들이 시샘하기 마련입니다.

어느 해 안거가 끝난 다음이었습니다. 차례에 따라 상수제자 사리뿟따가 먼저 부처님께 인사를 드리고 여행을 떠났습니다. 그런데 차례차례 작별인사를 하던 중 상기된 얼굴로 목소리를 높이는 자가 있었습니다. 그는 목에 가시라도 걸린 듯 날을 세웠습니다.

　"사리뿟따는 참 교만합니다. 자기 말에 고분고분한 사람은 부드럽게 대하고 자기 맘에 들지 않는 사람은 업신여깁니다. 사사건건 이렇게 하라 저렇게 하라 간섭이 끝이 없습니다. 오늘도 다른 사람과는 정겹게 인사를 나누고는 저를 보자 어깨를 밀치고 지나가더군요. 그리곤 한마디 사과도 없이 떠나버렸습니다."

　공동체의 평화는 순식간에 깨졌습니다. 부처님께서 목갈라나와 아난다를 부르셨습니다.

　"목갈라나, 지금 당장 사리뿟따를 돌아오라 하십시오. 아난다, 너는 사왓티에서 안거한 비구는 한 사람도 빠짐없이 모두 모이게 하라."

　사리뿟따가 돌아오자 승가 대중 앞에서 부처님이

147

물으셨습니다.

"그대가 떠난 뒤 저 비구가 나에게 찾아와 말하기를, 사리뿟따는 교만하고 사람을 업신여기며 사사건건 간섭한다고 하더군요. 오늘 여행을 떠나는 자리에서도 다른 사람과는 정답게 인사를 나누고, 저 비구는 어깨를 밀치며 지나쳤다고 하더군요. 그리고 한마디 사과도 없이 떠났다는군요. 사리뿟따, 저 비구의 말이 사실입니까?"

사리뿟따가 고개를 돌려 비구를 바라보았습니다. 질투에 휩싸여 분란을 일으켰던 비구는 감당할 수 없이 커져버린 사태에 고개도 들지 못했습니다. 사리뿟따는 대중 앞에 조용히 무릎을 꿇었습니다. 그리고 낮지만 또렷한 목소리로 말했습니다.

"늘 자신을 살필 줄 모르는 사람이라면 동료 수행자에게 모욕을 주고 유행을 떠날 수 있을 것입니다. 하지만 저는 늘 스스로를 살피며 주의력을 잃지 않습니다. 그런 제가 어떻게 수행자를 업신여기고, 그런 행위를 저지르고도 기억하지 못하며, 그런 행위를 저지르고도 참회하지 않은 채 유행을 떠나겠습니까?

땅에는 깨끗한 물건도 버리고 깨끗하지 못한 물건도 버립니다. 똥·오줌·침·가래·피·고름도 버립니다. 그런 물건을 버려도 이 땅은 싫어하거나 부끄러워하거나 혐오하지 않습니다.

걸레는 깨끗한 물건도 닦고 깨끗하지 못한 물건도 닦습니다. 똥·오줌·가래·침·피·고름도 닦습니다. 그런 것을 닦더라도 걸레는 싫어하거나 부끄러워하거나 혐오하지 않습니다.

두 손이 잘린 비천한 전다라는 모든 이들에게 고개를 숙입니다. 넝마를 걸치고 깨어진 발우를 든 전다라는 먹다 남은 음식을 주는 이들에게 고개를 숙입니다. 감히 머리를 들 생각조차 하지 않습니다. 수모를 견딜 줄 아는 전다라는 이 마을 저 마을로 떠돌며 누구에게도 해를 끼치지 않습니다.

두 뿔이 잘린 황소는 네거리 한가운데서도 사람을

들이받지 않습니다. 뿔이 잘리고 잘 길들여진 황소는 참을성이 많아 이 거리에서 저 거리로 노닐어도 누구에게도 해를 끼치지 않습니다.

제 마음은 대지와 같고, 걸레와 같고, 전다라와 같고, 뿔이 잘린 황소와 같습니다. 그런 제 마음은 맺힘도 없고 원한도 없고 성냄도 없고 다툼도 없습니다. 이렇게 부처님으로 인해 눈뜬 진리 안에서 선善을 쌓으며 자유롭게 노닐 뿐입니다."

온화한 그의 몸짓은 코끼리보다 웅장하고, 부드러운 그의 목소리는 사자의 포효보다 우렁찼습니다. 깊고 무거운 침묵이 흐르고 사리뿟따를 무고한 비구의 얼굴이 창백하다 못해 새까맣게 타들어갔습니다.

사리뿟따는 자리에서 일어나 옷깃을 가다듬고 그 비구에게 다가가 무릎을 꿇었습니다.

"저에게 허물이 있었다면 스님께서 용서해 주십시오."

못난 사람이 먼저 화를 내는 법입니다. 잘난 사람이

먼저 고개를 숙이는 법입니다. 도저히 풀리지 않을 것 같은 긴장과 대립도 한 마디 말에 거짓말처럼 사라지는 걸 종종 보게 됩니다.

"미안합니다."

겸손과 사과, 공동체의 평화를 일구는 첫걸음입니다.

04

인욕은 분노의 불길을 차가운 이성으로 잠재우고, 참된 행복에 대한 신념을 지키며, 서로에게 유익한 방식으로 자신의 의사를 표현하는 것입니다.

인욕은 굴복이 아니다

부당한 폭력과 모욕 앞에서 침묵하고 저항하지 않는 것을 상대에게 굴복하고 좌절하는 것으로 생각하는 경우가 있습니다. 모욕을 참는다고 올바른 신념을 포기하는 것은 아닙니다. 폭력에 폭력으로 대항하지 않는다고 그의 노예가 되는 것은 아닙니다. 인욕은 굴복이 아닙니다. 인욕은 분노의 불길을 차가운 이성으로 잠재우고, 참된 행복에 대한 신념을 지키며, 서로에게 유익한 방식으로 자신의 의사를 표현하는 것입니다.

마하 깟짜나Maha kaccāna, 摩訶迦栴延는 인도 서남부 아완띠Avanti, 阿般提 출신입니다. 그가 부처님의 가르침을 깨닫고 고향으로 돌아가 가르침을 전할 때 일입니다. 그곳은 이교도들이 만연하던 곳이었습니다.

어느 날 그의 제자 사라나Sarana, 娑羅那가 흥분한 모습으로 깟짜나를 찾아왔습니다. 깟짜나가 제자에게 물었습니다.

"무슨 일인가? 무슨 일로 얼굴이 일그러지고 온몸을 떠는가?"

"스승님, 이 모욕을 도저히 참을 수 없습니다."

"그대가 받았다는 모욕을 차근차근 설명해 보라."

"오늘 빳조따Paijota, 波殊提왕의 초청으로 왕궁에 갔었습니다. 전 이교도인 국왕이 드디어 불법에 마음을 열었나보다 싶어 기쁜 마음으로 찾아갔습니다. 허나 그것이 아니었습니다. 빳조따는 많은 외도들과 신하들이 보는 자리에서 저를 모욕하려고 불렀던 것입니다."

"어떻게 모욕했는가?"

"남은 음식이나 얻어먹고 버려진 옷이나 주워 입으며 들판 아무 곳에서 잠자는 비구들은 털 빠진 들개와 같다고 하더군요."

사라나는 아완띠의 이웃 국가 꼬삼비의 왕자 출신이었습니다. 빳조따왕의 발언은 사라나에게 있어 자신뿐 아니라 비구 전체, 그리고 꼬삼비의 왕실을 모욕하는 말이었습니다. 이빨을 꽉 깨문 그의 얼굴이 벌겋게 달아오르고, 불끈 쥔 그의 두 주먹이 심하게 떨렸습니다.

고요한 눈빛으로 제자를 바라보던 깟짜나가 차가운 목소리로 물었습니다.

"사라나, 비구는 어떤 음식을 먹는가?"

"집집마다 다니며 구걸한 음식을 먹습니다."

"어떤 옷을 입는가?"

"버려진 천들을 주워 옷을 만들어 입습니다."

"어디서 잠자는가?"

"외진 곳 큰 나무 아래에서 잠을 잡니다."

"그럼, 빳조따왕의 말은 사실이 아닌가?"

"하지만 병든 들개처럼 사는 것은 아니지 않습니까?"

"그럼, 어떻게 사느냐?"

"세간의 권력과 부귀를 버리고 출가수행자의 삶을 선택한 까닭은 오직 하나입니다. 집착을 버리고 더없이 안온하고 평화로운 세계를 얻기 위해서입니다. 먹을 것이 없고 잘 곳이 없어 병든 들개처럼 황야를 떠도는 것이 아닙니다."

"사라나, 그대의 말이 옳다. 왕과 대신들 그리고 외도들이 보는 앞에서 그렇게 말해 주었는가?"

"너무 화가 치밀어 말하지 못했습니다."

"다음에 만나면 그렇게 말하라."

"스승님, 그들은 대화를 나눌 가치도 없는 형편없는 인간들입니다."

"그럼, 너는 그들에게 어떻게 하고 싶은 것이냐?"

"그자들은 자기가 한 만큼 똑같이 당해보아야 자신

155

의 잘못을 아는 자들입니다. 제가 받은 만큼 빳조따에게 돌려주고야 말겠습니다."

"어떻게 돌려주려는가?"

"경비가 소홀한 때를 틈타 '기름진 음식과 재물을 탐내 눈을 희번덕거리는 네가 바로 들개다'며 빳조따를 꾸짖을 것입니다."

"왕을 그렇게 모욕하고도 네가 무사할 수 있을까?"

"차라리 왕을 죽여 버리고 저도 그 자리에서 자결할 겁니다."

"아서라, 사라나. 아서라, 사라나."

깟짜나가 손을 내저었습니다. 그리고 부드러운 목소리로 조용히 말했습니다.

"네 생각에 빳조따왕의 말이 사실이라고 생각하느냐?"

"사실이 아닙니다."

"사실이 아니라면 그런 헛된 말에는 대응할 필요가 없다. 그런 말에 대응한다면 그건 그의 말을 사실로 인정하는 것이 된다."

"스승님, 저만 모욕했다면 그래도 참을 수 있습니다. 그러나 거룩하신 부처님과 스님들, 그리고 저의 가족을 모욕하는 것은 도저히 참을 수 없습니다. 저런 못되고 쓸모없는 인간은 차라리 세상에서 없어지는 것이 낫습니다."

"아서라, 사라나. 육신이란 견고하지 못해 마침내 모두 사라지기 마련이다. 구태여 네가 해치지 않더라도 살아있는 모든 것은 결국 죽기 마련이다. 사라나, 부처님은 원한을 원한으로 갚지 않고, 원한을 버린 평온함을 찬양하는 분이시다. 그런 일로 네가 누군가를 원망하고 죽이려든다면 어떻게 부처님을 존경하는 사람이라 하겠으며, 부처님의 가르침을 실천하는 수행자라고 할 수 있겠느냐?"

사라나는 고개를 떨어뜨리고, 분노를 잠재울 수 있었습니다. 그리고 기회가 되었을 때, 여전히 비웃는 빳조따왕에게 담담히 말할 수 있었습니다.

"세간의 권력과 부귀를 버리고 고단한 출가수행자의 삶을 선택한 까닭은 오직 하나입니다. 집착을 버리고 더없이 안온하고 평화로운 세계를 얻기 위해서입니다."

참 다행스럽게도 빳조따왕은 그날 이후 사라나 앞에서 자세를 가다듬었습니다.

탐욕에 지배당하고 분노와 공모에 쉽게 휩쓸리는 인간이
가장 선택하기 힘든 길 아힘사, 하지만 인류가 결코 포기해
서는 안 될 가장 아름다운 꿈입니다.

아힘사, 포기할 수 없는 꿈

인욕보살, 나는 다투지 않는다

부처님이 전생에 인욕이라는 이름의 바라문으로서
깊은 산에서 수행할 때 일입니다. 가리迦梨라는 그 나라
왕이 사냥을 나왔습니다. 멋진 뿔을 가진 사슴을 뒤쫓
던 왕은 숲 속 갈림길에서 사슴을 놓쳐버리고 말았습
니다. 마침 그 길목에 한 사람이 앉아 있었습니다.

"사슴이 오른쪽 길로 갔는가, 왼쪽 길로 갔는가?"

사슴이 잡혀 죽을 것을 염려한 보살은 대답하지 않
았습니다. 말이 없자 왕은 화가 나 고함을 쳤습니다.

"네 놈은 무엇을 하는 놈이냐?"

보살은 공손히 합장하고 대답했습니다.

"인욕을 닦는 사람입니다."

가리왕은 비웃기라도 하듯 말에서 내려 칼을 뽑았습니다.

"얼마나 잘 참는지 한번 보자. 대답하라, 사슴이 어느 길로 갔는가?"

보살은 침묵했습니다. 칼날이 번쩍이며 보살의 귀가 잘려나갔습니다.

"대답하라, 사슴이 어느 길로 갔는가?"

보살이 대답하지 않을 때마다 왕은 코를 베고, 눈을 파고, 팔을 자르고, 다리를 자르고, 온몸의 뼈가 드러나도록 갈가리 살을 발라버렸습니다.

왕이 칼날을 휘두를 때마다 보살은 이렇게 생각했습니다.

'나는 모두에게 유익한 완전한 진리에 뜻을 둔 사람이다. 어찌 이 사람과 다투겠는가? 숲 속 수행자에게

까지 함부로 칼질을 하는데 하물며 백성들에게는 어떻겠는가. 원하옵건대, 내가 만약 부처님이 된다면 반드시 이 사람을 먼저 제도하리라. 그리하여 중생들이 이런 악행을 본받지 못하게 하리라.'

보살의 길 - 아힘사

《육도집경》〈인욕도무극장〉에 나오는 이야기입니다.

인욕하는 자는 깊은 사유와 통찰을 거친 자신의 신념을 결코 포기하지 않습니다. 대학 시절 간디의 자서전을 읽으며 한밤을 꼴딱 세운 적이 있습니다. 그리고 때마침 상영된 영화 '마하트마 간디'를 보았습니다. 옆 사람이 눈치를 줄만큼 헉헉거리며 울었습니다.

한줌의 소금을 얻기 위해, 인도 땅에서 생산되는 모든 것은 인도인의 것임을 보여주기 위해, 그는 걸었습니다. 거창한 구호도 화려한 치장도 없이 지팡이 하나와 물병만 달랑 들고 맨발로 걸었습니다. 비장함은 찾아볼 수 없었습니다. 도리어 산보라도 나선 듯 그의 얼굴엔 상쾌한 웃음이 가득했습니다. 그 뒤를 수많은 민중들이 따랐습니다. 그리고 긴 여행의 끝, 그들을 기다리는 것은 내 나라의 바다가 아니라 영국 경찰이었습니다. 간디를 따라 인도인들은 몽둥이와 개머리판의 장벽 속으로 걸어 들어갔습니다. 내려치는 몽둥이에 앞 사람의 머리통이 터지는 것을 보면서도 인도인들은 행렬을 흐트러트리지 않았습니다.

긴 시간의 터널 너머에서 화면을 보는 사람도 두려움과 분노에 치가 떨리는데 그들에게 어찌 노여움과 공포가 없었겠습니까? 하지만 그들은 그 공포로부터 달아나지 않았고, 그 노여움에 같이 몽둥이를 들지도 않았습니다. 쓰러진 동료를 부축한 뒤 자신도 그렇게 쓰러져 갔습니다.

다양한 인종과 다양한 종교와 다양한 언어, 엄격한 계급사회의 묵은 갈등이 팽배한 인도인의 가슴에서 꺾이지 않을 공동의 목표와 신념을 이끌어낸 간디, 그리고 그 신념을 쟁취한 간디, 그는 진정 위대한 영혼이었습니다.

아힘사Ahims, 신 앞에 순수했던 간디가 아니라면 걷지 못했을 길입니다. 간디와 같은 성공은 어쩌면 인류에게 두 번 다시 찾아오지 않을지도 모릅니다. 50년이나 타향을 떠돌며 티베트의 주권과 독립을 부르짖는 달라이라마, 어쩌면 그의 꿈은 이루어지지 않을지도 모릅니다. 몽둥이와 총칼 앞에 맥없이 고꾸라지는 고국의 형제자매들을 보며 한없이 눈물짓는 달라이라마, 그의 한마디면 온 티베트인이 초개처럼 목숨을 던질 것임을 알면서도 그는 비폭력을 부르짖습니다. 아힘사, 보살의 길을 걷는 달라이라마에겐 결코 포기할 수 없는 길이기 때문입니다. 탐욕에 지배당하고 분노와 공포에 쉽게 휩쓸리는 인간이 가장 선택하기 힘든 길 아힘사, 하지만 인류가 결코 포기해서는 안 될 가장 아름다운 꿈입니다.

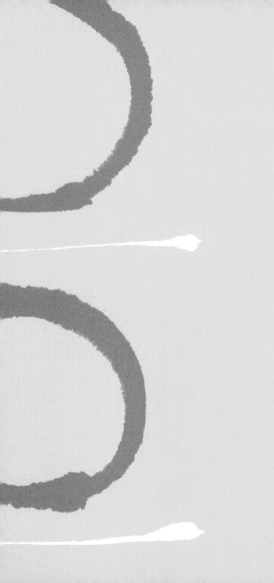

5장

정진

01

조금씩 성숙해지는 자신의 행복을 이웃과 함께 하려고 끝없이 노력하는 것, 그것이 보살의 정진입니다.

보살의 사랑

행복해지는 네 번째 비결은 정진精進, virya입니다. 행복의 땅은 생각만으로 갈 수 없습니다. 행복의 땅은 단숨에 다다를 수도 없습니다. 행복의 땅이 어디에 있는지, 어떤 길이 그곳으로 가는 길인지 알았더라도 한발 한 발 직접 걷지 않고는 그곳에 다다를 수 없습니다. 행복의 땅을 향해 걷는 보살들은 무엇을 위해 노력하고, 어떤 일에 매진하며, 어떤 마음가짐으로 노력할까요?

《육도집경》에서 말하였습니다.

"정진바라밀이란 어떤 것인가? 깊은 도에 전념하면서 그 도를 향해 게으름 없이 나아가는 것이 정진입니다. 눕거나 앉거나 길을 가거나 항상 눈으로는 모든 것을 부처님이 변화해 자기 앞에 나타난 것으로 보고, 귀로는 모든 소리를 부처님이 말씀하시는 덕음으로 듣고, 코로는 도의 향기를 맡고, 입으로는 도를 말하고, 손으로는 도를 행하는 일을 받들고, 발로는 도의 집에 서서, 그 뜻을 호흡지간에도 버리지 않는 것입니다. 중생들을 걱정하고 불쌍히 여기는 보살은 무명의 긴긴 밤을 보내며 삼독의 불길로 뜨겁게 끓어오르는 고통의 바다를 떠돌면서 구제할 수 없는 악독한 행동을 저지르는 중생을 보면 지극한 효자가 부모를 잃은 것처럼 걱정합니다. 중생을 구제하는 길 앞에 화탕지옥의 고난이 있고 무서운 칼날의 위험이 있을지라도 몸을 던지고 목숨을 기꺼이 바칩니다. 그렇게 중생의 고난을 구제하여 중생들이 육도의 어두운 윤회에서 벗어나 행복을 얻도록 하는 데 뜻을 둡니다."

육바라밀

보살의 정진은 사랑에 가깝습니다. 사랑에 빠지면 누구나 절로 보살이 됩니다. 눈을 떠도 눈을 감아도 오직 그녀 생각뿐입니다. 답답한 마음에 하염없이 길을 걸어보지만 그녀 생각은 떠나지 않습니다. 골목 어귀 꽃가게의 노란 프리지어도 그녀의 소담스런 웃음만 같고, 참새 떼처럼 재잘거리며 스치는 여인들 틈에서 문득 그녀의 속삭임을 느낍니다. 전철 승강구를 빠져나오며 훅하니 불어오는 바깥바람에서 그녀의 향기를 느끼고, 가만히 한숨처럼 그녀의 이름을 불러보곤 합니다.

뜻하지 않아도 발길은 벌써 그녀의 집을 향하고, 잡히지 않는 담장 너머 그녀에게 가만히 손을 내밀어 봅니다. 멈출 수 없는 호흡처럼 잠시라도 그녀를 생각지 않으면 죽어 버릴 것만 같습니다. 그녀가 괴로워하는 모습을 보이거나 행여 눈물이라도 보이면 미칠 것만 같습니다.

그녀에게 기쁨이 된다면 무엇도 아깝지 않습니다.

169

그녀를 위해서라면 지옥의 불길이라도 뛰어들 것만 같습니다. 그렇게 그녀의 행복한 웃음을 보기 위해 할 수 있는 모든 것을 합니다. 그의 노력이 헛되지 않다면 그녀는 분명 행복한 웃음을 보여줄 것입니다.

누구나 한번은 이런 사랑을 합니다. 이런 사랑을 하고도 그 결과가 행복이 아닌 슬픔과 후회가 되는 것은 거기에 불순물이 섞이기 때문입니다. 그 불순물은 바로 '성적인 탐욕'과 '소유욕'입니다. 성적인 탐욕과 소유욕만 빼버리면 그것이 곧 보살의 사랑입니다.

보살의 사랑에는 후회도 원망도 없습니다. 순수한 보살의 사랑을 해야 합니다. 힘들어 할 그 사람 생각에 하룻밤이나마 편히 다리를 펴지 못하는 밤을 맞이해야 합니다. 그저 안쓰럽고 안타까워 이렇게도 해보고 저렇게도 해보는 그런 사랑을 해야 합니다. 늘 염려하던 그에게서 환한 웃음을 보고야 마음이 놓이는 그런 사랑을 해야 합니다. 그렇게 한 사람에서 두 사람 세 사람으로, 가족에서 이웃과 모든 인류 또 모든 생명체로 그 마음을 조금씩 넓혀가야 합니다.

거창하게 중생 모두를 구제하겠다고 원을 세워야만 보살이 아닙니다. 꼭 몸과 목숨을 바쳐야만 보살의 정진인 것도 아닙니다. 아름다운 성현들의 모습과 행적을 흠모하며 스스로를 끝없이 격려하고 다듬어 나가는 것, 그것이 보살의 정진입니다. 조금씩 성숙해지는 자신의 행복을 이웃과 함께 하려고 끝없이 노력하는 것, 그것이 보살의 정진입니다.

02

부지런함, 아무리 칭찬해도 모자람이 없습니다. 부드러운 강물이 모래 한 알 옮기는 것, 가볍게 생각지 말아야 합니다.

한 알의 모래를 옮기듯

어린 시절 여름이 찾아오면 아침 밥상에서 숟가락을 놓자마자 냇가로 달려가곤 했습니다. 동네 꼬마들과 어울려 상큼한 물 냄새를 맡고, 물장구를 치고, 미지의 세계를 찾아 강 하류로 모험을 떠나기도 했습니다. 그렇게 찌그러진 주전자 하나와 구멍 난 족대 하나로 여름 두 달을 꼬박 냇가에서 살며 많은 것을 알게 되었습니다. 언제쯤 피라미 주둥이가 시커멓게 변하고 두둑한 배가 무지개처럼 반짝이는지, 언제쯤 누치가 거슬러 오르는지, 어떤 수초가 우거진 곳에 붕어가 살고 있는지, 어느 바위 틈바귀에 모래무지가 붙어 있는지, 어느 나무 아래 뱀이 똬리를 트는지, 큰비가 오려면 바람 냄새가 어떻게 바뀌는지, 어떤 구름이 소나기를 몰고 오는지 알 수 있었습니다.

그때 냇가에서 배운 것 가운데 하나입니다. 놀이도 지쳐 그늘에서 거물거물한 눈으로 물속을 들여다 볼 때였습니다. 살랑한 바람보다 부드러운 물살에 뭐가 부지런히도 움직이고 있었습니다. 찬찬히 보니 모래였습니다. 냇가 바닥의 모래 알갱이가 끊임없이 움직이고 있었습니다. 신기했습니다. 손을 넣어 확인해 보아도 물살의 흐름은 미미했습니다. 그 부드러운 물살이 모래를 옮기고 있었던 것입니다. 그제야 주위를 둘러보았습니다. 사방에 펼쳐진 은빛모래가 이렇게 움직인 것이었습니다. 연약하기 그지없는 물살이 저 많은 모래들을 어딘가에서 가져오고, 또 어딘가로 가져가고 있구나 하는 생각에 한참을 경탄하며 넓은 모래밭을 바라본 적이 있습니다. 일곱 살 꼬마에게 그건 큰 깨달음이었습니다.

좋은 것이든 나쁜 것이든 단숨에 이루어지지 않습니다. 미미한 움직임 하나하나가 쌓여 감히 상상도 못한 결과가 이루어집니다. 바늘 도둑이 소 도둑 되고, 한 삼태기 흙이 태산을 이루는 법입니다.

《당서》〈문예전〉에 나오는 이야기입니다.

이백李白이 젊은 시절 학문을 닦기 위해 상의산象宜山에 들어간 적이 있었습니다. 마음을 굳게 먹고 공부를 시작했지만 얼마 지나지 않아 곧 싫증이 났습니다. 도중에 포기하고 산을 내려오던 길에 이백은 냇가에서 한 노파를 만났습니다. 노파는 뭉뚝한 도끼를 바위에 갈고 있었습니다. 이상하게 생각한 이백이 물었습니다.

"할머니, 무엇하시는 겁니까?"

"보면 모르는가? 도끼를 갈고 있지."

"도끼를 갈아 뭘 하시게요?"

"바늘을 만들려고 한다네."

이백이 기가 막혀 픽하니 웃었습니다.

"뭉뚝한 도끼를 갈아 어느 세월에 바늘을 만든답니까?"

노파가 정색을 하고 이백을 꾸짖었습니다.

"내가 중도에 그만두지만 않는다면 언젠가는 이것이 바늘이 되어 있을 것일세."

크게 깨우친 이백은 다시 산으로 들어가 학문에 매진하였다고 합니다.

고등학교 시절 중간고사나 기말고사 철이 돌아오면 다들 밤샘을 한다고 난리를 쳤습니다. 초저녁이면 친구들끼리 모여 전장에 나서는 용사처럼 마음을 다잡고 공부를 시작합니다. 그러나 12시 종이 땡하고 치자마자 라면 끓여먹느라 바쁩니다. 그렇게 수다를 섞어 맛있게 라면을 먹고는 밀려드는 졸음에 침을 질질 흘리다 다음 날 아침을 맞이하곤 하였습니다. 그리고 푸석푸석한 얼굴에 토끼눈으로 담임선생님의 꾸중을 들어야 했습니다.

"이놈들아, 공부는 평생 하는 것이고 매일 조금씩 하는 거다. 벼락치기하지 말거라. 설령 너희가 하룻밤 사이 책 한 권을 몽땅 외운다 해도 그건 사흘을 못 간다. 재주 좋은 놈이 머리 좋은 놈 못 따라가고, 머리 좋은 놈이 부지런한 놈 못 따라가는 법이다."

세월이 가면 갈수록 가슴에 새겨지는 선생님 말씀입니다. 부지런함, 아무리 칭찬해도 모자람이 없습니다. 부드러운 강물이 모래 한 알 옮기는 것, 가볍게 생각지 말아야 합니다.

03

가슴을 뜨겁게 하는 일이 있고, 그런 신념이 있다면 스스로를 믿어야 합니다. 이류 삼류라고 옆에서 비웃어도 포기하지 말아야 합니다.

결과가 모든 것을 말하지는 않다

결과가 모든 것을 말해 주는 세상 속에 살고 있습니다. 경쟁이 치열해지면서 결과를 중시하는 풍조는 더욱 심해지고 있습니다. 오직 1등에게만 포커스가 맞춰지고, 다들 1등만 꿈꿉니다. 행복한 사람은 오직 1등뿐인 것처럼 집단최면에 걸려 있습니다. 2등 3등은 커녕 100등쯤 되면 스스로도 주위 사람도 모두 패배자로 낙인찍고 손가락질을 합니다.

그러나 한번쯤 돌아보아야 합니다. 축구를 하는 까닭이 오직 프리미어리그에 진출하기 위해서일까요?

월드컵에 참가하지 못하면 축구를 한 보람이 없는 걸까요? 그만한 실력이 되지 못할 것 같으면 아예 축구를 하지 말아야 하는 걸까요? 축구를 하는 1차 목적은 축구 그 자체입니다. 이 세상에 축구선수라고는 월드컵에 출전하는 사람뿐이라면 그들도 그다지 빛나지 않을 것입니다. 게임에서 꼭 승자가 되어야만 즐거운 것은 아닙니다.

대학 시절 기숙사 생활을 할 때였습니다. 그 무렵 월드컵 경기가 벌어졌습니다. 뜨거운 여름 해가 지면 저녁을 먹은 선배 후배들이 휴게실로 몰려듭니다. 그리고 무슨 거룩한 의식이라도 치르듯 축구공을 텔레비전 위에 얹어 놓고 시끌벅적 관전을 시작합니다.

"어휴, 저것도 처리 못해."

"야, 오른쪽으로 차야지."

뛰는 선수보다 지휘하는 감독보다 뛰어난 말발로 다들 한껏 열을 올립니다. 그렇게 장장 두 시간의 파노라마가 끝나고 나면 텔레비전 위에 올려놓았던 성스러운 공을 내려 손바닥 만한 운동장으로 달려 나갑니다. 그리고 벤치를 골대삼아 다시 두 시간의 기숙사컵 축구대회가 열립니다. 연신 이어지는 헛발질에 선배들의 걸쭉한 욕설이 튀어나오고, 관중과 선수들의 뜨거운 열기는 극에 달합니다.

그리고 게임이 끝나면 승자건 패자건 관중이건 상품은 시원한 맥주 한 잔. 그렇게 녹초가 되어 보낸 여름밤은 달콤하기 그지없었습니다. 나는 축구를 잘 하지 못합니다. 하지만 축구를 좋아합니다. 동네축구 선수로도 뽑히지 못하지만 나는 축구가 즐겁습니다. 가끔 텔레비전에서 보여주는 2002년 월드컵의 4강신화보다 나는 기숙사컵 축구대회가 더 그립습니다.

무언가를 좋아하고 즐긴다는 것, 꼭 남보다 잘 해야만 행복한 것일까요? 역사 속에서는 언제나 1등만 찬양받습니다. 그들의 이름만 기록합니다. 하지만 몇 글자 새겨지는 그 이름의 마력에 속지 말아야 합니다. 1등만 행복한 것은 아닙니다. 그리고 그 1등이 생각만큼 행복한 것도 아닙니다.

그릴 재주는 없지만 난 그림 보기를 좋아합니다. 미술관이나 전시회를 가면 예전엔 멀찍이서 휘휘 둘러보았습니다. 그 그림이 어떤 이미지를 풍기는지, 무얼 연상케 하는지, 첫 느낌이 얼마나 강렬한지에 관심이 많았습니다. 그리고 한번쯤 이름을 들어본 작가의 작품이면 뭐라도 안다는 양 팔짱을 끼고 한참을 물끄러미 바라보곤 했습니다.

요즘은 작가의 이름을 볼 새도 없이 가까이 다가갑니다. 그 넓은 전시관에서 한 점을 보고 나오더라도 찬찬히 그의 화면 속으로 들어갑니다. 어떤 붓을 사용했을까, 터치를 어느 방향에서 했을까, 색감을 살리려고 몇 번이나 덧칠했을까, 어딜 그리다 고쳤을까, 제법 조심스럽게 꼼꼼히 살펴봅니다. 난 안목이 없어 그림이 좋은지 나쁜지는 잘 모릅니다. 하지만 한 가지 터득한 것이 있습니다. 그 그림에 정성이 들어갔는지 정성이 별로 들어가지 않았는지는 알게 되었습니다.

시간이 갈수록 눈길을 잡아당기는 그림보다 정성이 가득한 그림이 좋아집니다. 붓질한 시간의 무게가 느껴지는 그런 그림이 좋아집니다. 그런 그림을 보고 있으면 마치 내가 그 그림을 그리고 있는 듯한 착각에 빠지곤 합니다. 내가 그리기라도 한 것처럼 붓을 내려놓았을 때의 환희가 느껴지기도 합니다. 그런 그림은 아무리 오래 보아도 질리지 않습니다.

가슴을 뜨겁게 하는 일이 있고, 그런 신념이 있다면 스스로를 믿어야 합니다. 이류 삼류라고 옆에서 비웃어도 포기하지 말아야 합니다. 가슴을 가득 채우는 누군가가 있다는 것, 가슴을 뛰게 하는 무엇이 있다는 것, 누가 뭐래도 포기하지 않을 신념이 있다는 것, 박수쳐 주는 사람 없어도 그저 하고 싶은 일이 있다는 것, 크나큰 행복입니다. 그럴 수만 있다면 설령 일류가 되지 못하더라도 그는 행복한 사람입니다.

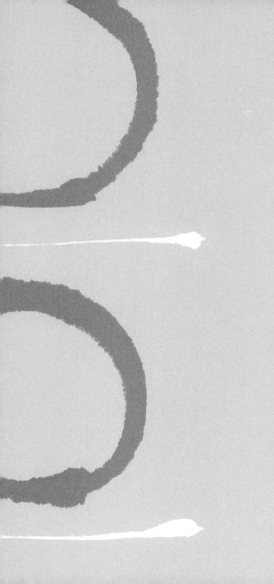

6장

선정

01

힘들면 쉬어야 합니다. 깊은 산속에서 길을 잃었을 때 제일 먼저 해야 할 일은 멈춰서는 것입니다. 이리저리 찾아다녀 본들 몸과 마음만 피곤할 뿐입니다.

일단 정지

휴식이 필요한 이유

모두들 부산합니다. 무슨 일인지 알 수 없지만 거리에서 스치는 사람들 모두 사선에 선 병사들처럼 바짝 긴장된 표정으로 어딘가를 향해 급히 걸어가고 있습니다. 전쟁터의 병사들도 한 잔의 차에 너그러운 햇살을 즐기며 전우들과 환하게 웃는 시간을 가집니다. 그건 영화 속이라서 그런가요? 전쟁을 직접 겪지 않은 세대라 감히 비교할 수는 없지만 막연하나마 삶의 현장이 전장 못지않다는 생각을 해봅니다. 하고 싶지 않

185

은 일도 해야만 하고, 그렇게 해야 할 일들이 늘 기다리고, 해도 속 시원히 되지도 않고, 게다가 생각지 않았던 문제들이 불쑥불쑥 끼어들고, 현재의 나를 지탱시켜 주는 요건들을 사방에서 늘 위협하고 있습니다. 시간이 가면 익숙해지겠지, 명확해지겠지, 스스로 다독여보지만 기대와 달리 시야는 나날이 흐려집니다. 도대체 무엇이 문제인지조차 분명치 않습니다.

"뭘 어떻게 해야 하지?"

복잡한 머리에 천근만근 어깨가 무거워지고 손으로 턱을 받쳐도 자꾸만 고개가 떨어질 때, 우리에게 가장 필요한 것은 무엇일까요? 휴식입니다. 당장 해결하지 않으면 큰일 날 것 같은 일, 그 일보다 더 큰일은 감당할 수 없을 만큼 쌓인 피로와 긴장입니다. 또 그만큼 지치고 힘들게 하는 문제라면 피로와 긴장쯤 아무것도 아니라며 갖은 생떼를 쓰더라도 해결되지 않습니다.

과거 동해에 살며 매주 법문을 들으러 서울을 오간

적이 있습니다. 대관령에는 짙은 안개가 자주 낍니다. 안개 낀 밤에 대관령을 넘다 보면 아찔한 순간들을 여러 번 겪게 됩니다. 지금이야 태백산맥을 관통한 터널 덕분에 그럴 일이 없지만 예전엔 통행량도 많지 않고 도로변 조명도 드물어 그 고갯길은 무지 어둡고 꼬불꼬불했습니다. 안개가 얼마나 짙은지 시야는 채 10미터도 확보되지 않았습니다. 아무리 두 눈을 부릅떠도 불쑥 달려드는 앞 차의 빨간 백라이트에 급브레이크를 밟기 일쑤였습니다. 그렇게 대낮에 보아도 아찔한 벼랑을 끼고 평소보다 곱이나 시간을 들여 집에 도착하면 온몸이 녹초가 되어버리곤 했습니다.

그리고 다음 날, 꾸역꾸역 일어나 아침도 거르고 출근해서는 종일 목과 어깨를 두드리며 시간을 보내야 했습니다. 그러다 한번은 정말 떨어질 뻔하였습니다. 가물가물 앞 차의 백라이트를 따라가다 불빛이 갑자기 사라졌습니다. 이상하다 싶어 급히 브레이크를 밟았더니 낭떠러지가 코앞이었습니다. 아찔했습니다.

다음 날 출근이고 뭐고 다리가 후들거려 도저히 운전할 자신이 없었습니다. 이러다 죽겠다 싶어 조심조심 지방도로 빠져나와 한적한 곳에 차를 세웠습니다.

'에라, 모르겠다. 내일 일은 내일 생각하자.'

의자를 뒤로 한껏 눕히고 늘어지게 한숨 잤습니다. 얼마나 잤을까, 눈을 떴을 땐 온갖 새들이 지저귀고 있었습니다. 차문을 열고 나와 기지개를 토하고 눈을 비볐을 때입니다. 벌린 입을 다물 수 없었습니다. 쪽빛 고운 태백산맥의 치맛자락 끝으로 멀리 동해바다에서 태양이 솟고 있었습니다. 보기 드문 장관이었습니다. 상큼한 산바람에 길게 바라보다 못내 아쉬워하며 미적미적 다시 차에 올랐습니다. 그리고 휴게소에서 따끈한 우동까지 한 그릇 먹은 나는 출근 시간에 늦지 않았고, 그날은 어깨와 목에 뻐근한 통증도 없었습니다.

"일단 정지!"

운전하다가 이 도로표지를 만나면 그때 일이 생각

납니다.

멈추고 쉬어라

부처님이 전생에 사자였을 때 이야기입니다. 어느 종려나무 숲에 한 그루 도토리나무가 있었습니다. 그 나무 아래 살던 토끼 한 마리가 문득 이런 생각을 하게 되었습니다.

'저 하늘이 무너지면 어쩌지.'

바로 그때, 도토리 한 알이 종려나무 잎사귀에 털썩 하고 떨어졌습니다. 겁 많은 토끼는 깜짝 놀라 이렇게 외치며 달아났습니다.

"큰일 났다. 하늘이 무너진다."

옆에 있던 토끼가 이 말을 듣고 함께 뛰기 시작했습니다. 두 마리가 세 마리 네 마리로 점점 늘어나더니, 마침내 수천 마리 토끼가 도망치기 시작했습니다. 토끼들의 소란에 온 숲은 삽시간에 벌집을 쑤신 듯 들썩거렸습니다.

"왜 그래, 무슨 일이야?"

"큰일 났어, 하늘이 무너진데."

노루도 뛰고, 멧돼지도 뛰고, 물소도 뛰고, 코끼리도 뛰고, 모두 공포에 휩싸여 달리기 시작했습니다. 높은 언덕에서 이 광경을 사자가 지켜보고 있었습니다. 하늘이 무너질 리가 없었습니다. 그런데도 숲 속 동물들은 한 발이라도 앞서려고 동료들을 짓밟으며 내달리고 있었습니다. 그들이 나부터 살아야겠다고 앞서 달리는 그 길목 끝에는 아찔한 벼랑이 기다리고 있었습니다. 사자는 그들의 비참한 말로를 모른 체할 수 없었습니다. 그래서 바람처럼 달려 나가 벼랑 끝에 서서 하늘이 울릴 만큼 큰 소리로 포효하였습니다. 그제야 숲 속 동물들은 멈췄습니다. 디즈니에서 만든 만화 속 사자라면 아마 이렇게 외쳤을 것입니다.

"Stop!"

이것이 부처님의 사자후獅子吼이고 선사들의 할喝입니다. 하늘 무너질 일 없습니다. 어디로 가야할지 길이 보이지 않고, 곧 쓰러질 것처럼 힘들다면 쉬었다 갈 일입니다. 그래도 됩니다. 아니, 그렇게 해야 길도 잃지 않고 끝까지 갈 수 있습니다. 영문도 모르고 무조건 달리기만 할 일이 아닙니다.

힘들면 쉬어야 합니다. 깊은 산속에서 길을 잃었을 때 제일 먼저 해야 할 일은 멈춰서는 것입니다. 이리저리 찾아다녀본들 몸과 마음만 피곤할 뿐입니다. 무거운 배낭을 내려놓고, 시원한 계곡물에 이마의 땀도 씻고, 편안하게 앉아서 길게 호흡을 고르고, 가만히 돌아보아야 합니다. 기운이 솟고 가야할 길이 분명해졌을 때, 그때 자리를 털고 일어나도 결코 늦지 않습니다. 아니, 그렇게 쉬었다 가는 자만이 길을 잃지 않고 끝까지 갈 수 있습니다. 어린 시절 동요를 부르며 했던 놀이가 있습니다.

"즐겁게 춤을 추다가 그대로 멈춰라. 눈도 감지 말고, 웃지도 말고, 울지도 말고, 움직이지 마. 즐겁게 춤을 추다가 그대로 멈춰라!"

하던 일을 멈추고 몸과 마음을 편안히 쉬는 방법에는 여러 가지가 있습니다. 자기가 좋아하는 취미에 몰입하거나 신경 쓸 일 없고 신경 쓰이는 사람 없는 곳으로 여행을 떠나는 것도 좋은 방법입니다. 그러나 가장 비용이 적게 들고, 간편하며, 효과 또한 큰 휴식의 방법은 단연 선정입니다. 따라잡을 수 없는 속도에 좌절하면서도 영문도 모른 체 꽁무니를 쫓는 현대인에게는 만사를 놓아버리고 일단 조용히 앉아있는 시간이 필요합니다.

02
최고의 휴식

몸과 마음을 고요히 하고 실상을 바르게 관찰하는 방법 역시 시대와 장소에 따라 다양하게 제시되었습니다.

좌선하는 법

선정禪定, dhyāna은 선禪이라고도 하고, 사유수思惟修 · 정려精慮라고도 하며, 지관止觀과도 같은 의미입니다. 선정이란 산란한 마음을 한 곳에 집중하여, 고요한 마음으로 사실을 있는 그대로 관찰하는 것을 말합니다.

먼저 선정을 닦는 신체 자세를 살펴보면 걸으며 하는 방법, 서서 하는 방법, 앉아서 하는 방법, 누워서 하는 방법 등이 있습니다. 이 가운데 가장 보편적인 것은 앉아서 하는 것이며, 이를 좌선坐禪이라 합니다.

193

좌선을 하기 위해서는 우선 한 사람이 몸을 움직일 수 있을 정도의 공간이 필요합니다. 그리고 그곳은 되도록 조용한 곳, 바람이나 연기가 들어오지 않는 곳, 어둡지 않은 곳, 겨울에는 따뜻하고 여름에는 시원한 곳이 좋습니다.

앉는 방식에는 반가부좌半跏趺坐와 결가부좌結跏趺坐 두 가지가 있습니다. 부趺는 발등이라는 의미이며, 가부좌跏趺坐란 발등을 반대쪽 넓적다리 위에 올려놓고 앉는 것을 말합니다. 초보자이거나 하체가 짧은 사람일 경우엔 반가부좌가 용이합니다.

바닥이 차갑거나 딱딱한 곳일 경우엔 방석을 깝니다. 그리고 다시 방석이나 담요를 10~20cm 정도 높이로 접어 엉덩이를 받쳐줍니다. 두 다리를 편안히 벌려 쭉 뻗은 상태에서 먼저 좌우 어느 한쪽 다리를 접어 발바닥을 반대쪽 넓적다리 밑에 붙입니다. 그리고 반대쪽 다리를 접어 먼저 접어둔 다리 위에 올리고 발등이 넓적다리에 닿도록 합니다.

이때 두 발을 되도록 몸통 쪽으로 바짝 당기는 것이 좋습니다. 그래야 앉은 자세도 안정되고 적당한 긴장감도 유지돼 오래 좌선해도 피로가 쌓이지 않게 됩니다. 이렇게 하면 양 무릎과 엉덩이를 꼭짓점으로 하는 이등변삼각형이 형성되고, 신체는 그 삼각형 기반 위에 올려진 모양이 됩니다. 이때 왼쪽 다리가 위에 올려진 것을 항마좌降魔坐라 하고, 오른쪽 다리가 위에 올려진 것을 길상좌吉祥坐라고 하는데 어느 쪽이든 상관없습니다. 결가부좌란 반가부좌를 한 상태에서 아래쪽 발을 위로 당겨 두 다리가 교차되게 하고, 양쪽 발바닥이 하늘을 향한 모양이 되게 하는 것입니다.

하체가 안정되고 나면 다음에는 몸을 앞으로 쑥 밀었다가 수직으로 세웁니다. 그러면 엉덩이가 약간 뒤로 빠진 상태에서 양쪽 척추가 수직으로 세워지게 됩니다. 좌선을 할 때 가장 주의할 점이 척추를 바로 세우는 것입니다. 척추가 기울어지면 몸이 긴장하게 되고 정신도 따라 산만해지기 쉽습니다. 척추를 세운 다음엔 그 위에 목뼈를 수직으로 세웁니다. 목뼈를 수직으로 세우려면 턱을 가슴 쪽으로 당기고, 머리 꼭대기 뒷부분으로 천정을 찌르듯이 목의 근육을 쭉 펴면 됩니다.

목의 근육을 펴지 않고 턱만 당기면 침샘을 압박하게 되는 점 또한 주의해야 합니다. 척추와 목뼈가 전후좌우로 기울어지지 않고 똑바로 서면 다음엔 양쪽 귀와 양쪽 어깨가 서로 대칭을 이루고 있는지, 코와 배꼽이 수직선상에 있는지 점검합니다.

그 상태에서 기본 골격이 되는 양 다리와 척추와 목뼈에 꼭 필요한 만큼의 긴장만 유지하고 전신에 힘을 뺍니다. 다음엔 손입니다. 왼발이 위에 있을 경우엔 먼저 오른쪽 손을 손바닥이 하늘을 향하게 하고 그 발 위에 가볍게 올려놓습니다. 그리고 오른쪽 손 위에 왼손을 포개 올려놓고 양쪽 엄지손가락을 붙여 계란을 쥔 듯한 손모양이 되도록 합니다. 그리고 맞붙인 엄지손가락이 배꼽 앞에 오도록 합니다. 이때 어깨나 손가락에 힘이 들어가지 않도록 주의합니다. 이런 손 모양을 법계정인法界定印이라 합니다.

입은 자연스럽게 다물고, 혀는 입천장에 붙이며, 호흡은 되도록 편안하고 길게 쉬도록 합니다. 그 상태에서 목을 숙이지 말고 편안할 정도로 시선을 아래로 떨어뜨립니다. 눈을 부릅뜨거나 억지로 감는 것은 평정한 상태가 되는 것을 방해합니다. 따라서 호흡과 시선은 억지로 조절하려 하지 말고 자연스럽다 여겨지는 정도에서 유지합니다.

이것이 좌선의 기본자세입니다. 이렇게 자세가 안정되고 나면 다음엔 호흡을 안정시키고, 야생마처럼 날뛰는 상념들을 안정시킵니다. 우리의 몸과 마음은 온갖 오물이 뒤섞인 탁한 물과 같습니다. 그 물 속에서는 한 치 앞도 보이지 않고, 또 그 물은 먹을 수도 없습니다.

몸과 호흡과 심리를 안정시키는 방법은 그릇에 담긴 흙탕물을 맑히는 방법과 같습니다. 흙탕물은 건들면 건들수록 흐려집니다. 그 물을 맑히는 방법은 한

197

가지입니다. 그릇을 흔들리지 않는 탁자 위에 올려놓고 가만히 기다리면 됩니다. 그러면 흙탕이 가라앉아 저절로 속이 훤히 드러나고, 맑은 그 물을 여러 가지 용도로 사용할 수도 있습니다. 이렇게 몸과 마음을 안정시키는 것을 지止라고 합니다. 흙탕이 가라앉은 다음 맑은 물만 조심스럽게 다른 그릇에 담듯이 몸과 마음이 안정된 상태에서 주의력을 기울여 세밀히 관찰하는 것을 관觀이라 합니다.

부처님의 가르침은 긴 역사 속에서 드넓은 지역, 수많은 인종에게 전파되어 다양한 시대사조와 교류하며 지금까지 변화해 왔습니다. 따라서 몸과 마음을 고요히 하고 실상을 바르게 관찰하는 방법 역시 시대와 장소에 따라 다양하게 제시되었습니다. 그 가운데 몇 가지를 소개하면 다음과 같습니다.

실상을 보는 여러 가지 관법

호흡의 들고남을 관찰하는 수식관數息觀, 몸의 각 부

위를 관찰해 그 깨끗하지 못함을 관찰하는 부정관^{不淨}^觀, 고리처럼 연결되어 온몸을 지탱하고 있는 낱낱의 뼈를 관찰하는 백골관^{白骨觀}, 지地 · 수水 · 화火 · 풍風 4 대로 구성된 만물은 끝없이 변화하고 덧없이 흩어지는 것임을 관찰하는 무상관^{無常觀}, 특정한 색깔을 마음속에 떠올리고 눈앞에 현현하는 그 색깔에 온 마음을 쏟는 색상관^{色相觀}, 사랑[慈] · 연민[悲] · 기쁨[喜] · 평정[捨]의 네 가지 마음을 사방으로 끝없이 확대시키는 사무량심^{四無量心}, 공무변처 · 식무변처 · 무소유처 · 비상비비상처정의 사무색정^{四無色定}, 몸 · 감정 · 마음 · 인식대상은 욕심낼 만한 가치가 없고 무상하고 실체가 없음을 관찰하는 사념처^{四念處}, 부처님의 거룩한 상호와 덕성을 하나하나 관찰하는 불상관^{佛相觀}, 여러 부처님과 보살님들의 비원을 하나하나 마음에 새기는 방법, 부처님과 보살님의 명호를 일심으로 부르는 방법, 만다라를 관찰하며 삼라만상의 실상을 통찰하는 방법, 비밀스러운 주문을 외우는 방법, 조사들의 화두를 드는 방법, 일체 모든 현상이 진실한 성품의 현현임을 관찰하는 방법, 일체 모든 현상들은 꿈과 같고 허깨비와 같고 물거품과 같고 그림자와 같다고 관찰하는 방법 등 수없이 많습니다. 이 외에도 대승경전에는 그 수를 헤아릴 수 없을 만큼 많은 선정과 삼매의 이름들이 빼곡히 나열되어 있습니다.

선정을 익히는 법

취미를 익히기 위해서도 선생님이 필요하고, 낯선 곳으로 여행을 떠날 때도 가이드의 도움이 필요합니다. 선정을 익힘에 있어서도 마찬가지입니다. 선정을 닦다 보면 일상적 경험과는 다른 매우 독특한 경험들을 하게 됩니다. 따라서 미리 그 길을 걸어본 진실하고, 자상하고, 숙련된 선지식의 도움이 절실합니다. 그들의 도움 없이 이론적 이해만으로 선정을 닦기란 매우 힘듭니다. 다양한 선정법에 대한 자세한 설명은 각 분야 숙련자들의 도움을 받을 영역으로 남겨두고,

여기에서는 사선四禪을 중아함경 《분별관법경》에 의거해 간략히 소개하겠습니다.

눈앞에 펼쳐진 사물과 현상들에 얽매여 마음이 산만한 것은 바로 탐욕貪慾 때문입니다. 따라서 탐욕에서 마음이 벗어나게 되면 몸과 마음이 고요해짐을 직접적으로 체험하게 됩니다. 이때 나의 마음이 무엇에 집착하고 있는지, 무엇이 나의 마음을 속박하고 있는지를 주의 깊게 살펴 나를 구속하는 유익하지 못한 생각들을 버리고, 나를 자유롭게 하는 유익한 생각에 주의력을 기울입니다. 그러면 나를 구속하던 대상과 생각들로부터 자유로워지게 되고 그로 인해 기쁨과 즐거움이 샘솟게 됩니다. 이것을 초선初禪이라 합니다.

이런 탐구가 충분히 익어지면 마음이 조용히 가라앉아 하나로 집중되게 됩니다. 그러면 '유익한가, 유익하지 못한가' 살피던 마음이 사라지고 고요한 삼매에 들어가게 되며, 그 삼매로부터 기쁨과 즐거움이 샘솟게 됩니다. 이것을 제이선第二禪이라 합니다.

선정에서 일어난 기쁨과 즐거움에 탐착하는 것도 또 다른 종류의 속박임을 깨닫고 그런 기쁨과 즐거움에 무관심하면 성인들이 말하는 평정[捨]의 즐거움을 체험하게 됩니다. 이것을 제삼선第三禪이라 합니다.

즐거움과 괴로움에 대한 분별과 탐착, 정서적인 안정과 불안정에 대한 분별과 탐착마저 소멸하면 괴로움도 없고 즐거움도 없는 평온하고 청정한 마음에 도달하게 됩니다. 이와 같이 바람이 그쳐 거울처럼 맑은 호수와 같은 상태를 제사선第四禪이라 합니다.

03

첫째, 서둘러서는 안 됩니다. 둘째, 힘을 빼야 합니다. 셋째, 말을 삼가야 합니다. 이 세 가지를 유의했다면 삼매의 바다로 뛰어들 준비운동은 충분합니다.

삼매의 바다를 헤엄치기 위한 준비운동

좌선을 하면 삼매三昧, samādhi를 경험하게 됩니다. 삼매는 등지等持 · 정정定 · 정의定意 · 정심행처正心行處로 번역하기도 합니다. 이는 마음이 들뜨지도 않고 가라앉지도 않은 상태에서 주의력이 흐트러지지 않고 유지되는 매우 편안하고 투명한 심리상태를 일컫는 말입니다. 따라서 마음이 하나의 대상에 집중한 상태라는 의미로 심일경성心—境性이라고도 합니다.

많은 사람들이 다양한 선정법을 통해 깊고 편안한 휴식인 삼매를 맛봅니다. 하지만 개중에는 삼매를 경험하지 못하는 경우도 있습니다. 나름대로 애써 선정을 닦고도 평온하고 맑은 삼매를 체험하지 못하는 까닭에는 이론을 충분히 숙지하지 못했거나 선지식의 자상한 지도가 결여되어 그런 경우도 있습니다. 하지만 거의 대부분은 아주 기본적인 요소들을 무시한 경우입니다.

서두르지 마라

첫째, 서둘러서는 안 됩니다. 우리 마음은 호수와 같습니다. 호수의 진풍경은 아마 하늘꼭대기에 뜬 보름달이 도장이라도 찍듯 수면에 내려앉은 장면일 것입니다. 호수에 비친 달빛은 하늘에 있을 때보다 더 곱습니다. 많은 사람들이 물에 비친 평화롭고 아름다운 보름달을 보려고 호숫가로 몰려듭니다.

하지만 생각만큼 쉽게 그 풍경을 볼 수 있는 것은 아닙니다. 바람이 수면을 흔들어 먹물처럼 검은빛이 달빛을 산산조각 내 버리기도 합니다. 그렇게 어지럽고 허망하고 안타까운 모습이 현재 우리의 마음입니다. 마음은 이익의 바람 · 손해의 바람 · 비방의 바람 · 찬양의 바람 · 비난의 바람 · 칭찬의 바람 · 괴로움의 바람 · 즐거움의 바람 따라 끊임없이 일렁입니다. 움직이지 않고, 말하지 않고, 보지 않고, 듣지 않는다고 오랜 세월 힘을 쌓은 거센 식풍識風이 금방 잦아드는 것은 아닙니다. 좌선을 하다 보면 때로 평소 인지하지 못했던 부분까지 산더미처럼 크게 느껴져 도리어 마음이 복잡해지는 것을 경험하게 됩니다. 그럴 때 많은 사람들이 투덜거립니다.

"도대체 마음이 언제 고요해진다는 거야?"

"이거 뭐 괜히 속만 더 시끄럽잖아."

"에이, 삼매는 무슨 놈의 삼매. 기대한 내가 잘못이지."

투덜거림은 호수를 향해 돌을 던지는 것이나 마찬가지입니다. 그 투덜거림 탓에 호수에는 더욱 많은 파문이 일어납니다. 결국 그는 고요한 달빛을 보지 못하

205

고 자리를 털고 일어섭니다.

선정을 닦으려면 무엇보다 느긋하게 기다릴 줄 알아야 합니다. 조급한 사람은 절대 삼매를 경험할 수 없습니다.

어떤 친구가 바늘 하나로 코끼리 잡는 법을 아느냐고 물은 적이 있습니다. 그런 일이 있을 수 있겠냐며 웃어버렸습니다. 그랬더니 그 친구가 말했습니다.

"죽을 때까지 찌르면 돼."

터무니없는 농담으로 흘려들었지만 지금 생각해 보니 일리 있는 말이었습니다. 특히나 선정을 닦을 때는 이런 우직한 태도가 반드시 필요합니다.

힘을 빼라

둘째, 힘을 빼야 합니다. 경직된 몸에서도 힘을 빼야 하지만 마음에서도 힘을 빼야 합니다. 간혹 옆 사람과 경쟁하듯 좌선하는 사람이 있습니다. 남이 하지 못하는 일을 내가 해내고, 그것도 남보다 먼저 하고,

누구보다 완벽하게 해 내려고 용을 쓰면 선정을 닦지 못합니다. 선정은 휴식이지 남들 따지 못하는 하늘의 별을 따는 것이 아닙니다. 어느 선지식 회상에서 공부할 때였습니다. 열심히 참구하던 대학교수 한 분이 질문했습니다.

"모든 게 번뇌 망상일 뿐 실체가 없다는 걸 알겠습니다. 하지만 그 번뇌 망상이 그치질 않습니다."

"허깨비처럼 실체가 없는데 뭘 걱정합니까? 번뇌 망상인 줄 알았으면 쉬세요."

"쉬려면 어떻게 해야 합니까?"

"쉬는데 무슨 방법이 필요합니까? 그냥 쉬세요."

지금도 속이 다 시원한 명쾌한 말씀입니다.

말을 삼가라

셋째, 말을 삼가야 합니다. 늘 무언가 묻기 바쁘고, 늘 무언가 대답하려고 준비하는 동안에는 삼매를 경험할 수 없습니다. 이는 선사들의 어록에서도 자주 접하게 되는 장면입니다. 기봉이 준엄한 선사들은 여기 저기서 주워들은 지식을 바탕으로 묻고 답하는 것을 용납하지 않았습니다.

덕산 선감德山宣鑑 선사는 학인이 찾아와 질문도 하기 전에 몽둥이를 휘둘렀고, 임제 의현臨濟義玄 선사는 학인이 문에 들어오자마자 다짜고짜 고함을 쳤으며, 분주 무업汾州無業 선사는 누가 질문만 하면 한평생 "망상 부리지 말라"는 말씀만 하셨습니다. 속사정을 모르는 사람이라면 선사를 무식한 깡패쯤으로 오인할 수도 있을 것입니다.

초등학교·중학교·고등학교·대학교, 우리는 늘 시험을 보며 살아왔습니다. 질문이 있다는 것은 거기에 이미 출제자가 의도한 답이 전제되어 있는 것입니다. 우리는 그 출제자가 생각하는 답을 정확히 그리고 재빨리 찾아내려고 혈안이 되는 연습들을 하며 살아왔습니다. 하지만 고뇌의 실상에 대한 탐구에서는 그런 태도를 빨리 버려야 합니다.

육바라밀

부처님과 선지식은 문제 출제자가 아닙니다. 우리가 겪고 있는 삶의 갖가지 문제들은 그분들이 출제한 것이 아니라 우리 스스로 만들어 낸 문제들입니다. 엄밀히 따지자면 문제를 낸 내가 답도 안다면 알 수 있지 부처님과 선지식은 답을 알 수 없습니다. 그분들은 조력자일 뿐입니다. 결자해지結者解之라고 했습니다. 내가 낸 문제임을 알았으면 정답을 알려달라고 선지식에게 졸라서는 안 되고, 또 내가 낸 문제 내가 답을 알았다고 사방팔방 돌아다니며 시끄럽게 떠들 일도 아닙니다. 선정이란 조용히 앉아 내가 무슨 문제를 냈는지 찬찬히 돌아보는 것입니다.

　이 세 가지를 유의했다면 삼매의 바다로 뛰어들 준비운동은 충분합니다.

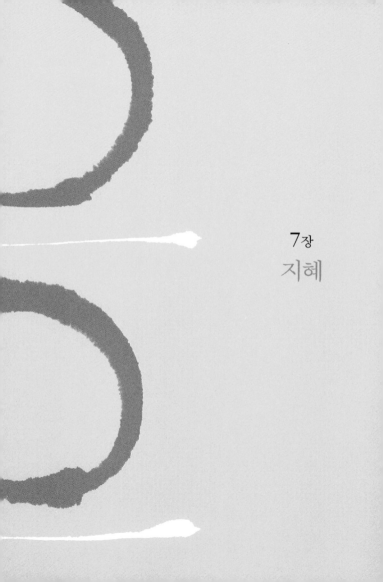

7장

지혜

01

살덩어리 눈으로 파악하고 있는 제반 현상과 부처님의 눈으로 파악한 모든 존재와 현상의 참모습은 판이하게 다릅니다.

제법실상

실상의 의미

지혜智慧는 반야般若, prajñā의 번역어입니다. 무엇이 지혜인가? 지혜에 대한 간결하고 명확한 정의가《조론肇論》에 나옵니다.

"모든 존재의 실상을 반야라 한다[諸法實相 謂之般若]."

즉 눈앞에 펼쳐지고 있는 제반 현상의 참모습을 왜곡 없이 그대로 파악하는 것을 지혜라 합니다. 그럼 모든 존재의 참모습이란 과연 어떠한가?《법화경》〈방편품〉에서는 다음과 같이 말씀하셨습니다.

"그만두자 사리불아, 다시 말할 것 없느니라. 왜냐하면 부처님께서 성취하신 가장 희유하고 이해하기 어려운 모든 실상의 법은 오직 부처님들만 완전히 알기 때문이니라. 그것은 이른바 이와 같은 모양[如是相]·이와 같은 성품[如是性]·이와 같은 본체[如是體]·이와 같은 힘[如是力]·이와 같은 작용[如是作]·이와 같은 원인[如是因]·이와 같은 인연[如是緣]·이와 같은 결과[如是果]·이와 같은 과보[如是報]·이와 같은 근본과 끝과 구경[如是本末究竟] 등이니라."

부처님께서는 오직 부처님들만이 그 참모습을 완벽히 파악할 수 있는 것이라며 모든 존재와 현상의 참모습을 설명하는 것에 대해 난색을 표하고 있습니다. 실상을 파악하는 것이 곧 지혜라 했으므로, 이를 바꾸어 말하면 완벽한 지혜는 오직 부처님만 가지고 있다고 할 수 있습니다. 왜 부처님께서는 존재의 실상에 대해 설명하는 것을 힘겨워하셨을까요?

불교에서는 살덩어리 눈[肉眼]·신들의 눈[天眼]·지혜

의 눈[慧眼]·법의 눈[法眼]·부처님의 눈[佛眼]이라는 오안五眼을 이야기합니다.

같은 시간, 같은 공간에서 같은 사건을 경험하고도 서로 다르게 말하는 걸 여러 차례 목격한 일이 있습니다. 그리고 그 각자는 자신이 경험한 것이 거짓이 아니라 사실이라며 힘주어 강조합니다. 똑같은 육안을 가진 중생끼리도 그 경험의 내용이 판이하게 다른 것입니다. 이는 여러 명의 장님이 코끼리를 더듬어보고는 부채와 같다, 기둥과 같다, 날카로운 창과 같다, 긴자루와 같다, 튼튼한 벽과 같다 등등으로 힘주어 말하는 것과 같습니다. 두 눈을 뻔히 뜨고 있는 사람이 그 광경을 지켜본다면 어떨까요? 한 번도 직접 목격한 적이 없고, 또 각자의 경험을 믿어 의심치 않는 장님들에게 코끼리의 전반적 생김새를 이해시키기란 어려운 일일 것입니다. 또 설령 설명한다 해도 장님들은 아마 믿지 않을 것입니다.

215

귀 있는 자는 들어라

부처님의 이런 고민은 깨달음을 이룬 순간부터 있어 왔던 것입니다. 보리수 아래에서 아뇩다라삼먁삼보리를 성취하고 49일 동안 법열에 잠겨 시간을 보내고 있을 때 부처님은 생각했습니다.

"어렵게 도달한 이 깨달음은 완벽하고, 결함이 없다. 깊은 선정에 들어 수없이 재고해 보아도 완전하고 원만한 최고의 진리이다. 그러나 이 진리는 깊고, 보기 어렵고, 깨닫기 어렵고, 섬세하고, 고상하고, 단순한 사색과 사려를 넘어서는 것이다. 오직 지혜로운 자라야 알 수 있는 것이다. 과연 받아들일 사람이 있을까? 세상 사람들은 자기가 가진 견해에만 매달리고, 자기가 바라는 것만 좋아하고, 자기가 배우고 익힌 것만 고집한다. 그런 그들은 이 깊고 미묘한 인연의 법을 이해하지 못할 것이다. 세상 사람들은 집착을 즐기고, 집착을 좋아하고, 집착을 기뻐한다. 그런 그들은 집착을 떠나고, 집착을 없애고, 집착이 사라진 진리의 세계를 이해하지 못할 것이다. 집착을 넘어선 열반을 가르쳐 주어도 탐욕과 분노와 어리석음에 물든 그들은 혼란스러워하고 번거롭게만 생각할 것이다. 그것은 그들에게도 이익이 아니다. 세상의 일과 반대되는 나의 가르침을 그들은 도리어 비방할 것이다. 나의 진리는 부당하게 버려질 것이며, 그것은 나에게 또 다른 괴로움과 상처가 될 것이다."

그때 부처님의 의도를 알아차린 대범천이 나타나 간절하게 부처님에게 청합니다.

"부처님이시여, 법을 설하소서. 여래시여, 법을 설하소서. 세존께서 법을 설하지 않으시면 탐욕의 강물에 떠밀리고 분노의 불길에 휩싸인 이 세상은 결국 파멸로 치닫고 말 것입니다. 세존이시여, 이 세상에는 그래도 때가 덜 묻은 자들이 있습니다. 여래시여, 이 세상에는 그래도 선과 진리 앞에 진실한 자들이 있습니다. 그들을 버리지 마소서. 그들마저 기회를 놓치는 건 참으로 슬프고 애석한 일입니다."

여전히 침묵을 지키는 부처님 앞에서 범천은 간절한 마음으로 노래하였습니다.

높은 바위산에 올라
사방의 사람들을 둘러보듯
가장 현명한 분이시여
모든 것을 보는 분이시여
슬픔이 제거된 분이시여
그와 같이 진리의 누각에 올라
태어남과 늙음에 정복당하고
슬픔에 빠져있는 사람들 굽어보소서.

영웅이시여
승리자시여
일어나소서.
빚 없는 상단의 지도자처럼
이 세상을 누벼주소서.
세존이시여
진리를 설파하소서.
분명 이해하는 자가 있을 것입니다.

범천의 간절한 요청과 중생들에 대한 깊은 연민을 이기지 못해 부처님은 다시 세상을 살펴보았습니다. 중생들에게는 차이가 있었습니다. 먼지와 때가 적은 중생, 먼지와 때가 많은 중생, 두뇌가 총명한 중생, 두뇌가 무딘 중생, 품성이 좋은 중생, 품성이 나쁜 중생, 가르치기 좋은 중생, 가르치기 나쁜 중생이 있었습니다. 마치 붉고 푸르고 새하얀 갖가지 연꽃들이 같은 연못 같은 진흙에서 싹을 틔워 같은 물에서 자라지만 개중에는 물속에서 썩어버리는 것도 있고, 수면에서 위태로운 것도 있고, 물 위로 솟아올라 꽃을 피우고 열매를 맺는 것도 있는 것과 같았습니다. 그제야 부처님은 마음을 굳히고 입을 여셨습니다.

내 이제 감로의 문을 여나니
귀 있는 자는 들어라, 낡은 믿음을 버리고.

관념의 틀을 내려놓아라
부처님께서 존재의 실상에 대한 설명을 그때 포기

219

하셨다면 이 땅에 불교는 없었을 것입니다. 부처님이 중생에 대한 한없는 연민을 품지 않았다면 이 땅에 불교는 없었을 것입니다. 부처님은 당신의 수고로움을 잊고 맨발로 온 인도를 누비며 쉽게 수긍하려 들지 않는 이들에게 존재의 실상을 이야기하고 또 이야기했던 것입니다.

살덩어리 눈으로 파악하고 있는 제반 현상과 부처님의 눈으로 파악한 모든 존재와 현상의 참모습은 판이하게 다릅니다. 관념이란 기존 경험들의 축적입니다. 부처님의 제자라면 현재 자신을 지배하고 있는 관념의 틀을 과감히 내려놓고 부처님이 말씀하시는 존재의 실상에 대해 귀를 기울여야 합니다. 《노자》에 "훌륭한 선비는 도를 들으면 부지런히 실천하고, 보통 선비는 도를 들으면 마음에 두었다 잊었다 하며, 못난 선비는 도를 들으면 크게 비웃는다"고 했습니다. 우리도 내가 보고 들어 알고 있는 것과 다르다며 섣불리 귀를 막거나 조롱하는 우를 범해서는 안 됩니다.

02

보시 · 지계 · 인욕 · 정진 · 선정을 끝없이 닦아 나아감으로
인해 지혜는 더욱 성숙하고 완전해집니다.

달을 가리키는 손가락

무상과 무아

그럼, 모든 존재의 참모습이란 과연 어떤 것인가?
부처님의 49년 설법이 모두 존재의 참모습에 대한 설
명이었다 해도 과언이 아닙니다. 즉 부처님은 달을 보
지 못하는 사람들에게 손가락을 들어 가리켜 보인 것
입니다. 손가락이 곧 달은 아니지만 그 손가락을 의지
해야 달을 볼 수 있습니다. 부처님은 달을 찾는 수많
은 사람들에게 수만 번 손가락질을 해 보이셨습니다.
그 많고 다양한 법문 가운데 몇 가지만 거론해 보겠습

니다.

먼저 연기법緣起法이 있습니다. 우리가 경험하고 있는 세계는 수많은 존재들의 다양한 관계들로 구성되어 있습니다. 우리는 시간적 연속성이 없는 특성들의 무질서한 집합은 '존재'로 인식하지 않습니다. '무엇'이라고 이름을 부여하고 있는 '그것들'은 일정 시간 동안 지속가능한 특성을 유지하고 있다고 여겨지는 것들입니다. 이를 불교에서는 법法, dharma이라 합니다. 우리가 '이름'을 부여하고 있는 '법'을 관찰해보면 모두 끊임없이 생멸 변화한다는 것을 알 수 있습니다. 즉 존재를 규정하는 어떤 특성도 항시적으로 보편하게 유지되는 것은 없습니다. 그 특성들은 생성되어[成] 유지되다가[住] 파괴의 과정을 거쳐[壞] 소멸합니다[空].

또한 모든 존재는 본래 그렇게 있었던 것이 아니라 다양한 원인에 따른 필연적 결과로 나타납니다. 즉 존재가 가진 특성들은 주요 원인[因]과 그에 수반된 다양한 조건[緣]들의 결합으로 나타난다는 것입니다. 이를

육바라밀

인연생기법因緣生起法이라 하고, 줄여서 연기법이라 합니다. 즉 모든 존재는 인연 따라 생겨난 것이고, 인연 따라 생겨난 모든 존재는 영원하지도 않고 고정된 특성을 가지고 있지도 않다는 것입니다.

인연 따라 생겨난 모든 존재는 영원하지 않다는 것을 제행무상諸行無常이라 합니다. 인연 따라 생겨난 모든 존재에 고정된 특성은 없다는 것을 제법무아諸法無我라 합니다. 이것이 부처님께서 설명하신 '모든 존재의 참모습[諸法實相]'입니다.

헌데 우리는 이런 사실을 명확히 파악하지 못하고 있습니다. 순간순간 변화하고 있는 '그것'을 두고 어제도 오늘과 같았다고 생각하고, 내일도 오늘과 같을 것이라 생각합니다. 또 '그것'은 '그것'이지 '그것이 아닌 것'이 될 수 없다고 생각합니다. 이것이 중생의 어리석음 즉 무명無明입니다.

이런 어리석음은 묵은 채취처럼 중생의 몸에 깊이 배어 있습니다. 그래서 '나'와 '나 아닌 것'으로 나누

223

고, '나의 것'과 '나의 것이 아닌 것'으로 나누어 '나'와 '나의 것'의 영역을 넓히는 데 온통 관심이 쏠려 있습니다. 이것이 중생의 집착 즉 아집我執입니다. 중생들은 나의 영역이 끝없이 넓어지고 또 그것들이 영원히 나의 영역에 남아있기를 희망하지만 그 바람은 애초부터 존재의 참모습과 위배되는 것입니다. 바람과 달리 모든 것은 덧없이 흩어지고 나의 손 틈을 빠져나가 버립니다. 손아귀에 쥔 모래처럼. 그때서야 모든 이들이 절망하고 슬퍼하며 한탄합니다. 결국 잘못된 시각을 고수하고 있는 중생들이 맞이할 결과는 고통뿐인 것입니다. 이것을 일체개고一切皆苦라 합니다.

그러나 부처님의 말씀에 따라 '나'와 '나의 것'이라 집착하고 있는 것들을 찬찬히 살펴 그것이 본래 덧없고 실체가 없는 것이었단 사실을 인정하게 되면 더 이상 욕심내지 않게 되고, 마음이 평온해집니다. 이것을 열반적정涅槃寂靜이라 합니다.

제행무상 · 제법무아 · 열반적정, 존재의 실상에 대

한 이 세 가지 설명을 삼법인三法印이라 합니다. 그리고 일체개고를 더해 사법인四法印이라고도 합니다. 인印은 공문서에 도장을 찍어 인증하듯 부처님께서 보증하신 진리라는 의미입니다.

공과 무

또 대승에서는 반복해 공空과 무無를 말합니다. 연기법과 삼법인이 다른 내용이 아니듯이 연기법과 공 또한 다른 내용이 아닙니다. 대승을 크게 흥기시키는 데 지대한 공헌을 한 용수龍樹, Nāgārjuna보살은 《중론中論》〈관사제품觀四諦品〉에서 이렇게 말했습니다.

여러 가지 인연으로 생겨난 존재들
나는 그것을 무無라고 한다.
또 가명假名이라고도 하고
또 중도의 이치라고도 한다.

우리는 갖가지 인연들의 상호작용 속에서 끝없이

생멸변화하고 있는 존재에 '이름'을 붙이고, 막연히 그 이름에 해당하는 실체가 있다고 생각하며 살아가고 있습니다. 하지만 대승에서는 "그 이름에 해당하는 실체는 존재하지 않는다, 즉 공이다"고 선언합니다.

혹자는 "공이다"라는 말을 들으면 만사를 부정하고 회의와 절망에 빠지는 허무주의를 떠올리기도 합니다. 이는 사고의 기반을 이루고 있는 언어의 결함을 살피지 못한데서 발생하는 오류입니다. 언어는 특성상 항시성恒時性을 가지고 있습니다. 하지만 그 언어의 대상엔 항시성이 없습니다. 예를 들면 사과나무에 매달린 사과를 일주일 동안 관찰한다고 가정해 봅시다. 우리는 매일같이 '그것'을 '사과'라고 부릅니다. 하지만 일주일 동안 '사과'라는 똑같은 이름으로 불려진 '그것'은 일주일 동안 똑같지가 않습니다. 어제보다 조금 더 커지고, 푸른빛이 가시고 붉은빛이 돌며, 때론 벌레가 파먹기도 하는 등 순간순간 끊임없는 차이를 드러냅니다. 세밀히 관찰한다면 일주일 동안 변함

육바라밀

없이 '똑같이 유지된 그것'은 없다는 것을 발견하게 됩니다. 부처님과 용수보살이 "존재하지 않는다"고 한 것은 그 가공의 구조물인 관념의 허구를 지적한 말입니다.

그럼 실상實相은 어떠한가? 한 알의 사과는 온갖 인연들의 영향을 받으며 끊임없이 생멸변화하고 있습니다. 사과라는 결과[果]는 그 원인[因]이 사과나무이고, 사과나무가 결과라면 그 원인은 사과씨앗입니다. 그럼 사과씨앗만 있으면 사과나무라는 결과가 도출되는가? 그렇지 않습니다. 사과씨앗이 싹이 터 사과나무가 되기까지는 많은 조건들이 필요합니다. 물 · 공기 · 햇볕 · 자양분 등 금방 떠올릴 수 있는 조건들 외에도 뿌리를 내리고 가지를 뻗을 수 있는 공간, 성장하기까지의 시간 등 특정한 모양과 특성을 가진 사과나무로 자라기까지엔 상상을 초월하는 이루 헤아릴 수 없는 조건들이 영향을 미칩니다. 사과나무에 사과가 맺기까지도 마찬가지이고, 그 사과가 빨갛게 익기까지도 마찬가지입니다. 찬찬히 관찰해 보면 잎사귀를 흔들며 무심히 스쳐가는 바람 한줌까지도 사과에 영향을 미치고 있음을 발견하게 됩니다. 이 과정에서 놀랍게도 '그 무엇'은 온 우주로부터 영향을 받고 있으며, 또 '그 무엇'은 온 우주에 영향을 미치고 있음을 발견하게 됩니다. 관념의 허구를 무너뜨리고 세상을 바라보면 그 복잡하고 미묘하며 광대한 인연의 고리에 경탄을 금치 못하게 됩니다. 이를 화엄華嚴에서는 중중무진법계연기重重無盡法界緣起라고 합니다.

그물은 코 하나만 들어도 그물 전체가 딸려 올라옵니다. 마찬가지로 모든 존재하는 낱낱이 따로따로 그 영역을 확보하고 있는 것이 아니라 우주 전체가 연결되어 있는 것입니다. 그 긴밀한 연관성을 파악한다면 '나다, 나가 아니다' '무엇이 생겼다, 사라졌다' '그래서 괴롭다, 즐겁다' 하는 말들이 잠꼬대에 지나지 않음을 알게 됩니다.

지금 있는 그대로 손가락 하나 까닥 하지 않아도 조

금도 부족함이 없고, 안달할 것이 없다는 것을 깨닫게 됩니다. 굳이 덧없음이 싫다면 끊임없이 포말이 일렁여도 늘거나 준 적이 없는 바다를 보고, 굳이 괴로움이 싫다면 비올 땐 우산을 쓰고 비 그칠 땐 우산을 걷고 즐겁게 꽃길을 거닐고, 굳이 '나'가 있기를 원한다면 끝없는 인연의 고리로 연결된 우주 전체가 곧 나임을 자각하고, 굳이 더러움이 싫다면 냄새나고 지저분한 거름이 키운 달콤한 사과향기를 맡으면 됩니다. 이를 상常·락樂·아我·정淨의 열반사덕涅槃四德이라 합니다.

지혜바라밀이 중요한 이유

공空이라는 새로운 창을 통해 세상을 볼 수 있어야 보시·지계·인욕·정진·선정의 다섯 가지 바라밀을 끝없이 닦아나갈 수 있습니다. 즉 지혜는 나머지 다섯 바라밀을 실천하게 하는 원동력입니다. 이 세상에 영원한 것은 없다는 걸 알지 못하는 사람이 보시를 실천할 수 있을까요? 영원히 내 것이라고 여기는 사람은 아까워서 남에게 베풀지를 못합니다. 나라는 실체는 어디에도 없다는 것을 모르는 사람이 보시를 실천할 수 있을까요? '나'와 '너'가 분명한 사람은 베풀고 나서도 그건 '그의 것'이 아니라 '나의 것'이라고 생각할 것입니다. 탐욕을 버리면 더없이 평온한 행복이 찾아든다는 걸 모르는 사람이 보시를 실천할 수 있을까요? 감각적 쾌락과 욕구 충족에 맛들인 사람은 새로운 것을 끊임없이 찾지 그 욕심을 줄일 생각은 결코 하지 않습니다. 지계·인욕·정진·선정 역시 마찬가지입니다. 모든 것은 인연 따라 모였다가 인연 따라 흩어진다는 사실을 명확히 깨달을 때 제대로 다섯 바라밀을 실천할 수 있는 것입니다.

또한 보시·지계·인욕·정진·선정을 끝없이 닦아 나아감으로 인해 지혜는 더욱 성숙하고 완전해집니다. 즉 나머지 다섯 바라밀의 실천을 통해 지혜바라밀은 완성됩니다. 생존에 필요한 기본적 물품이 없어서 고통스러워하는 이들에게 아낌없이 베풀어 그들이 행복해지는 모습을 보면서 이 세상에 영원한 것은 없다는 지혜는 나날이 성숙합니다. 그렇게 기뻐하는 이들의 모습을 보고 따라 마음이 흐뭇해지고, 그들이 다시 나를 돕고 또 다른 힘든 이들을 돕는 것을 보면서 '나'라고 '너'라고 '내 것'이라고 '네 것'이라고 할 만한 것은 없다는 지혜는 나날이 성숙합니다. 그렇게 서로가 서로를 애틋하게 여기며 아낌없이 베풀면서 욕심을 채우는 행복보다 욕심을 비우는 행복이 더 크다는 지혜는 나날이 성숙합니다. 지계·인욕·정진·선정 역시 마찬가지입니다. 다섯 바라밀을 부지런히 실천하면서 모든 것은 인연 따라 모였다가 인연 따라 흩어진다는 사실을 명확히 확인하게 되는 것입니다.

　지혜바라밀, 그건 육바라밀의 시작이자 끝입니다.

03

물과 공기의 소중함을 자각하고 감사하는 사람은 참 드뭅니다. 지혜와 진리도 그와 같다는 생각이 듭니다.

고물과 보물

진리와 지혜는 특별하지 않다

"보물삽니다, 보물."

가락을 넣은 구성진 목소리가 창문 너머로 들렸습니다. 삑삑거리는 값싼 스피커의 잡음과 털털거리는 소형 트럭 소리까지 함께 들리는 것으로 보아 그건 '보물'이 아니라 '고물'을 산다는 말임에 틀림없습니다. 하지만 영락없이 "보물삽니다"로 들리는 그 소리에 한참을 귀 기울이다가 정말 고물이 아니라 보물을 산다는 말일 수도 있겠다는 생각에 혼자 웃었습니다.

또 지금 '고물'로 부르는 그것도 한땐 '보물' 대접을 받으며 누군가의 집 어딘가를 장식했을 것입니다. 또 우리가 고물로 부르고 있는 그것이 수집하러 다니는 저 아저씨에겐 보물일 수도 있을 것입니다. 우리에게 꼭 필요한 지혜도 그와 같은 면이 있습니다.

"관 속까지 들고 가는 재산 없다."

할아버지 할머니들이 곧잘 하는 말씀입니다. 그분들은 '제행무상'이라는 문구를 몰라도 제행무상의 이치를 누구보다 잘 알고 있습니다.

"착하게 살아라. 남한테 해코지 하지 말거라."

어릴 적부터 귀가 따갑게 들어온 어머니 말씀입니다. 길고 긴 윤회의 굴레에서 계율을 지키면 어떤 과보를 받고 계율을 어기면 어떤 과보를 받는지, 어떤 행동이 착한 것이고 어떤 행동이 악한 것인지, 제대로 계율을 지키려면 어떤 마음자세를 가져야 하는지, 그런 설명은 없으셨습니다. 하지만 어머니는 그런 잡다한 논의 없이도 내 맘이나 네 맘이나 똑같다는 한없는

233

연민을 나에게 깊이 전달해 주셨습니다. 과연 어머니가 제법무아의 이치를 모른다고 할 수 있을까요?

"어떤 상황이든 만족하면 된다. 그게 행복이다."

근 수로 달면 몇 푼 되지도 않을 삶의 치장들을 홀라당 털고 고향으로 돌아왔을 때, 아버지께서 하신 첫 말씀입니다. 열반적정이라는 문구를 몰라도 아버지는 그 뜻을 나보다 몇 곱절은 깊게 이해하고 계셨습니다.

우리를 행복으로 이끄는 빛나는 지혜, 너무 거창하게 생각지 말아야 합니다. 뭔가 특별하고 뭔가 새로워야 특별한 효용을 발휘할 것처럼 생각하지만 정작 지치고 힘들고 고뇌하는 우리에게 정말 필요한 지혜는 그리 특별하지 않습니다. 어쩌면 너무 쉽고, 너무 가까이에 있어 그 소중함을 자각하지 못하고 있는 것일 수 있습니다.

"사람이 오래오래 행복하게 살기 위해 가장 필수적인 것은 무엇일까요?"

돈·가족·사랑·명예 등등 각종 대답들이 쏟아집

니다. 정작 사람이 살아가는 데 가장 필수적인 것은 아무 맛도 냄새도 없는 물과 공기라는 사실은 까맣게 잊어버립니다. 물과 공기의 소중함을 자각하고 감사하는 사람은 참 드뭅니다. 지혜와 진리도 그와 같다는 생각이 듭니다.

진리는 언제나 이 자리에서 빛나고 있다

선사들의 어록을 읽다보면 제일구第一句에 대한 이야기들이 자주 나옵니다. 제일구란 부처님의 다양한 가르침의 시발점이 되는 가장 핵심적인 말씀을 일컫는 용어입니다. 선사들의 질문에 학인들이 각종 견문을 총동원해 아무리 조리 있게 대답해도 선사들은 거들떠보지도 않고 "그건 제이구第二句다"라고 말합니다. 그러면 학인은 자기가 한 대답이 시원찮다 여기고, 다시 연구에 연구를 거듭해 더욱 기묘한 대답을 합니다. 그러면 선사는 콧방귀를 뀌며 "그건 제삼구第三句다"라고 말합니다. 학인은 모르고 선사는 알고 있는 제일구는

235

과연 무엇일까요?

안목이 없는 사람에게는 고흐의 그림도 어린아이 붓장난에 지나지 않습니다. 하지만 안목 있는 예술가는 쓰레기 더미에서도 아름다움을 찾아냅니다. 안목이 없는 사람은 생선 눈알을 보물처럼 간직하지만 안목이 있는 사람은 쓰레기 더미에서도 진주를 찾아냅니다. 우리의 삶을 윤택하게 하고 우리를 행복으로 이끌 빛나는 지혜, 그건 우리가 지금 고물취급하며 버려두고 있는 것들 가운데 있다는 생각이 듭니다.

"모든 것은 인연 따라 모였다 흩어진다."

"모든 것은 무상하다."

"만물에 고정된 실체란 없다."

"탐욕과 집착을 버리면 평온한 행복이 찾아든다."

이런 말들을 모르고 있는 사람이 오히려 드뭅니다. 이것 외에 더 특별한 지혜가 있을까요? 그런 특별한 지혜가 없어서 불행한 것일까요? 진리라는 것, 우리가 정말 모르고 있는 것이 아니라 깊이 자각하고 수긍하지 않을 뿐입니다. 진짜 보물을 고물 취급하며 창고 어딘가에 던져두고는 멀리멀리 보물 사냥을 다니고 있는 것입니다. 새롭게 알거나 얻을 것 없이 지금 내가 알고 있고, 가지고 있는 것을 주의 깊게 살피기만 하면 무진장한 지혜와 행복의 보석들이 아주 오래전부터 찬란히 빛을 뿜고 있었다는 사실을 깨닫게 됩니다. 소동파의 〈적벽부〉에 이런 구절이 있습니다.

"물건마다 각자 주인이 있어 내 것이 아니면 터럭 하나도 함부로 취할 수 없는 법이다. 하지만 강으로 불어오는 맑은 바람과 산봉우리 사이 밝은 달은 귀가 들으면 소리가 되고 눈과 만나면 빛깔이 되나 가져도 누가 뭐라는 사람 없고 아무리 써도 바닥나지 않는다. 이것이 조물주의 다함없는 보배창고요, 나와 그대가 함께 가야할 곳이다."

눈과 귀가 부딪치는 곳에서 한없는 기쁨이 될 것이 어찌 강바람과 달뿐이겠습니까. 아무리 써도 바닥나지 않을 기쁨이 어찌 강바람과 달에만 있겠습니까. 바삐 내달리던 걸음을 멈추고 찬찬히 주위를 둘러볼 일입니다. 가족과 친지, 이웃과 동료, 풀 한 포기 개미 한 마리까지도 허투로 볼 일이 아닙니다. 모든 고뇌의 파고를 아득히 벗어난 부처님, 그분께서 일러주신 다이아몬드 같은 지혜, 모든 위험과 공포로부터 구원해줄 관세음보살, 꼬질꼬질한 무지와 탐욕과 분노의 때를 말끔히 씻어줄 눈밝은 선지식, 족쇄와 항쇄에 수갑까지 단숨에 잘라줄 금강왕보검, 그분들과 그것들은 늘 지금 여기에서 나와 함께 하고 있기 때문입니다.

내 영혼의 작은책_교리 · 입문

육바라밀
여섯 가지 실천덕목

초판 1쇄 인쇄 | 2010년 7월 5일 · 초판 1쇄 발행 | 2010년 7월 10일

글쓴이 | 성재헌 · 펴낸이 | 윤재승 · 펴낸곳 | 민족사

진행 | 성재영 · 책임편집 | 김창현
편집 디자인 | 김형조 · 영업관리 | 윤선미

등록 | 1980년 5월 9일(등록 제1-149호)
주소 | 서울시 종로구 수송동 58번지 두산위브파빌리온 1131호
전화 | 02)732-2403~4 · 팩스 | 02)739-7565
E-mail | minjoksa@chol.com · 홈페이지 | minjoksa.org

ISBN 978-89-7009-892-0 04220
ISBN 978-89-7009-890-6 (세트)

내 영혼의 작은책

내 영혼은 깊은 사색과 명상을 통해 작은 꽃을 피운다.

교리 · 입문

1 사성제 · 팔정도_이필원
2 육바라밀_성재헌
3 업과 윤회
4 무아 · 하심 · 무심
5 깨달음 · 열반 · 해탈
6 중도 · 연기
7 마음 · 유식
8 공의 이해와 실천
9 계율
10 극락과 지옥

수행 · 명상

1 생활명상
2 위빠사나
3 절
4 염불
5 주력
6 간경
7 참선수행
8 사경
9 염불선
10 티벳불교 수행법
11 마음을 평화롭게 하는 10분 명상

신행 · 문화

1 아미타불_여여법사
2 약사여래와 약사신앙
3 나한과 나한신앙
4 죽음을 극복하는 부처님말씀
5 49재와 영가천도
6 출가재일 성도재일 열반재일
7 관음과 지장신앙
8 신중과 신중신앙
9 문수보살과 문수신앙
10 사천왕과 사천왕신앙
11 우란분재
12 생전예수재
13 방생법회
14 사찰예절
15 불교상담법
16 화를 극복하는 방법
17 슬픔과 근심을 극복하는 법
18 수험생을 위한 마음집중법